ミルキーママの 妊娠中からはじめる おっぱいケア

自分でできる痛くない授乳のコツ

助産師
山川不二子
Yamakawa Fujiko

合同出版

はじめに

　ご妊娠、ご出産おめでとうございます。いよいよ赤ちゃんを迎えて新しい生活がはじまりますね。希望に満ちた未来に向かって、いろいろな思いをはせていらっしゃることでしょう。

　赤ちゃんが生まれたら、1日の大半を「授乳」が占める毎日がはじまります。この本を手に取られたみなさんは、なんとか母乳で育てていこうとお考えのことと思います。「母乳で育てたい。でも自信がない」、また「痛いと聞くので不安」そんなお母さんの声にお答えするためにこの本を書きました。そしてお母さんたちから学び、またさまざまな科学的な研究をもとに、どうしたらスムーズに痛くない母乳育児を行っていけるかをできるだけ具体的にまとめてみました。

　妊娠中から卒乳までのセルフケアを中心に解説していますので、読んですぐ実行できる内容になっています。おっぱいは、お母さんから赤ちゃんへの最高の贈り物にちがいはありませんが、この本は決して母乳育児を強制するものではありません。

　赤ちゃんが元気に育ち、お母さんが痛くない楽しい育児ができるならいろいろな方法があってよいと思うのです。そして楽しい育児のために必要なのは、技術より適切な情報ということを実感しています。

　この本では、「知っているのと知らないのとでは大ちがい！」という情報をたくさん盛り込みました。あなたらしく楽しく育児ができるよう参考にしていただければ幸いです。

とはいえ、赤ちゃんが生まれたら慌ただしく時間が過ぎてしまい、本を読む時間はなかなかとれません。多少時間に余裕のある妊娠中にぜひご一読いいだきたいと思います。

　また、助産師さん、看護師さん、保健師さん、保育士さんや、看護・助産学生さんなど、現場で授乳支援にあたっている方々にも、指導マニュアルとして役立てていただけます。

　なにも難しいことはありません。肩の力を抜いて、さあはじめましょう。

ミルキーママこと
山川不二子

目次

第 1 章　おっぱいを自分で出すこと

第 **2** 章 ｜ いよいよ母乳育児のはじまりです

第 **3** 章　起こりやすいトラブルと対応

この本は
『改訂3版　ミルキーママの自分でできるオッパイケア』（メディカ出版、2017年）
を修正・加筆しリニューアルしたものです。

おっぱいを
自分で出すこと

母乳育児は痛いのが当たり前ではありません

1 痛いことを我慢しないで

「赤ちゃんに吸われたら痛いのが当たり前」「お乳が張って痛いのが当たり前」「乳頭が切れても我慢しないといけない」「痛いマッサージをしてもらうことが不可欠」。

このように、おっぱいを出すことは「痛いこと」「つらいこと」というイメージを持っていませんか？

痛いということは、ケガやトラブルから体を守るための警告あるいは悲鳴です。授乳は1日に何度もあり、そのたびに「痛い！」という体からの悲鳴を聞かなければならないなんて、育児だけでなく、生活そのものもつらくなってしまいます。

痛みを我慢し過ぎてしまうと、もっとつらいトラブルの原因になることさえあります。できるだけ痛くないように対応することが、自分の心身を守ることにもつながります。そして授乳が赤ちゃんにとっても、お母さんにとっても楽しくかけがえのないひとときとなるよう、「痛いこと」「つらいこと」はできるだけ避けたいですね。

2　自分の体は自分のもの

　お産がすんだら、おっぱいは助産師さんにもんでもらって出してもらうものと考えている人はいませんか。お母さんたちと接していると、このような意識がとても強いと感じることがあります。でも「本当にそうなのかなぁ」「どうしてセルフケアできないのかなぁ」というのが、助産師の私が母乳や母乳育児について勉強するきっかけでした。「授乳」なんて大昔から、母親たちが自然に普通にしていることで、それが現代に至るまで脈々と続いてきたことなのに、なぜ他人の手を借りないとできないのでしょう。

　また、人まかせにすることをむしろステータスと考える人もいるように思います。でも、オッパイだって体の一部であり、なぜそれだけは人まかせにするのか疑問なのです。自分の体なのですから、自分でケアするほうが自然ですし、痛いことも避けられます。また自分でできたという満足感が、育児への自信にもつながっていくと思うのです。

　自信を持つということは、自分をもっと好きになることです。そしてそれは、新たな可能性に挑戦し、自己実現をしていく原動力になるのではないでしょうか。そんな前向きな姿勢が「育てる人」「頼られる人」には必要です。

　でも困ったとき、調子の悪いときは信頼できる専門家に相談をしてください。セルフケアだからといって、なにもかも自分で乗り越えなければならないということではありません。

　専門家が専門家の目で見て、判断しなければならない場合もあります。体の調子が悪ければ病院に行くように、オッパイも体と同じです。

　では、まずはおっぱいはどうしてできるのか、乳房のつくりやそのメカニズムについて説明しましょう。

オッパイのしくみ

1　おっぱいはどうしてできる？

　乳房には乳腺組織といわれるぶどうの房のような組織があり、そこではちょうど工場のように、血液を材料にしておっぱいをつくっていきます。

　決して"おっぱいの素"のようなものが乳房内にあり、そこをもみほぐすことによっておっぱいが溶け出てくるのではありません。

　おっぱいの材料となる血液を運ぶ血管（動脈）や心臓に血液を戻していく血管（静脈）は、基底部とよばれる乳房の土台の部分を通っています。ですから、基底部の血行を良好にコントロールすることが、スムーズにおっぱいを出していくポイントとなります。乳腺組織でつくられたおっぱいは、乳管を通って途中の「乳管洞」という部分で少したまり、乳口から出ていきます。

　乳口は乳頭の先端に15〜20カ所ぐらい開口しているといわれますが、実際には個人差があります。たった1本の太い乳口が、河口のように開口していたという例もあります。

　また、それぞれの乳口から出てくるおっぱいの量にも差があり、かなり太くたくさん出てくるところもあれば、反対にもともと細く少ない量しか出ないところもあります。これは"おっぱい工場"であるそれぞれの乳腺組織の規模、個性の問題で、大きい工場と小さい工場と

の差と言い換えることができます。

　私たちの体はいろいろなホルモンの作用を受けて機能していますが、オッパイの機能も月経や妊娠、分娩によって、不思議で神秘的な「ホルモン」に支配されているのです。

■乳房の構造（断面）

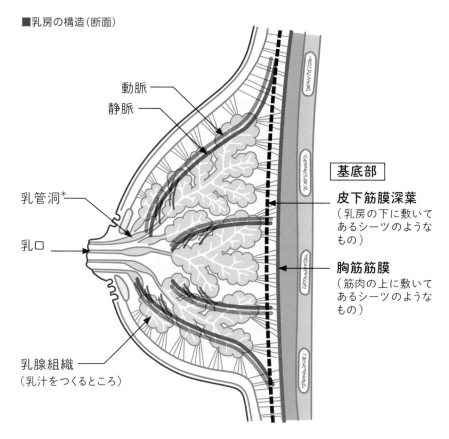

動脈
静脈

基底部

皮下筋膜深葉
（乳房の下に敷いて
あるシーツのような
もの）

胸筋筋膜
（筋肉の上に敷いて
あるシーツのような
もの）

乳管洞*

乳口

乳腺組織
（乳汁をつくるところ）

＊「乳管洞」はもともとイラストのように膨らんでいるわけではなく、母乳が出る反射で乳管の一部が
　膨らみ、そこに母乳がたまることで哺乳行為に役立っているといわれています。　本書では「母乳
　が出る反射で膨らむ乳管の一部」のことを「乳管洞」と表現します。

2 おっぱいが出るということ、止まるということ

おっぱいが出るようになるためには、次のような条件が必要です。

①成熟した乳腺組織（＝操業可能な工場）
②血液循環、ホルモン支配（＝生産性の良し悪し）

この①、②の２つの条件がそろって初めて、おっぱいが出るのです。また、おっぱいが止まるということにも次の２通りがあります。

①乳腺組織が萎縮していく（乳汁分泌の停止）
　＝工場閉鎖（元に戻らない変化）
②乳腺組織の生産性が落ちている状態
　＝工場の一時的な休み（元に戻る変化）

それでは、あなたのオッパイがどんな状態か、よく見ていきましょう。まずはよく見ること、そして触ること、それがセルフケアの第一歩です。

ケアの第一歩、
オッパイを観察してみましょう

1 オッパイの大きさと形

　大きいオッパイの人はおっぱいの出が悪いなどといわれていますが、決してそうではありません。実際は大きいほうが、出がよいことがわかっています。出の悪かった人は、いろいろな理由で出し切れなかったのだろうと思います。また出過ぎの状態になるのも、大きいオッパイの人に多いというデータもあります。

　反対に小さいオッパイの人でも、十分に"工場"が稼働すれば分泌がよくなり、最終的に完全母乳という人もいます。ただ乳腺組織の量がもともと少なく、妊娠中もあまり"工場"が拡張工事されなかった場合は、当然、分泌量に限界があります。そのような場合、程度によっては、混合栄養を選択しないと赤ちゃんの発育に影響することもあります。

　形も十人十色、さまざまあって、よい、悪いということはありませんが、授乳のしやすさなどには少し関係してくることもあり、その場合には工夫が必要です。

2 　乳頭の形と大きさ

　あなたの乳頭は出ていますか？　引っ込んでいますか？　扁平ですか？　これらは授乳を前提に考えた場合、とても大切なポイントになります。各特徴の詳細と個別ケアは128〜131ページです。

　乳頭が出ていない場合（陥没乳頭）は、そのままだと直接吸わせることが難しいため、妊娠中から早めに乳頭を突出させるケアを行う必要があります（128ページ参照）。また、乳頭の先端に溝ができている場合（裂状乳頭）、こちらも授乳がスムーズにできないことがあるので、十分な妊娠中のケアが必要です（131ページ参照）。27〜43ページで紹介するさまざまなセルフケアと合わせて、オッパイの特徴に沿ったケアをしてスムーズな授乳に向けて準備をします。

　また、乳頭の大きさはどうでしょうか。左右の形の不均衡はありませんか？　自分のオッパイをよく見てみましょう。

3 　授乳に適した乳頭の条件

❶伸展性

　まず、乳頭・乳輪部をよく見てください。そして赤ちゃんが吸いつくことを想定し、親指と人差し指で乳輪部からつまんでみてください。そのとき、人差し指の第一関節までつまめますか？　これは赤ちゃんが直接吸いつけるかどうかのとても大切な条件です。

■乳頭の伸展性

人差し指の第一関節までつまめると、赤ちゃんは乳管洞までくわえることができます。

13ページの乳房の断面図のように、乳房には乳管洞という小さい袋のように膨らむ組織があります。赤ちゃんはこの乳管洞までくわえ込んで、それを上アゴと舌でとらえ、舌を波のように動かし圧迫しながら吸い、おっぱいを飲みます。

■授乳中の赤ちゃんの口の状態

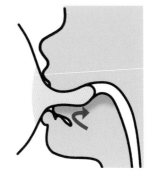

「乳輪部からつまんで人差し指の第一関節までつまめる」ということを「乳頭・乳輪部の伸展性がよい」と表現しますが、これは、赤ちゃんが乳管洞までくわえ込むことができるかどうかのめやすになります。成人女性の人差し指の第一関節の長さはだいたい2.5cmくらいなので、お母さん自身でも確認できます。

❷乳輪の厚さ

乳輪（乳管洞部分）を1cmくらいまでつぶせますか？ 十分つぶせるということは、乳管洞にたまっているおっぱいを赤ちゃんが口の中で搾乳できるということになり、授乳の可否に大きく関係します。扁平乳頭でもこれらの条件がクリアできれば、トレーニングにより直接吸わせることができます。

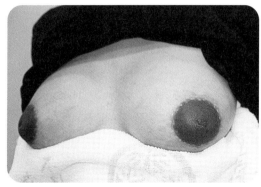

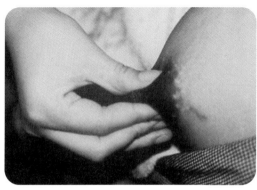

■扁平乳頭と伸展性、
　乳輪部の厚さ
見るからに赤ちゃんがくわえにくそうな
扁平乳頭（写真上）、妊娠中のケアによ
り伸展性はかなり改善しました。しかし
まだ乳輪部分が厚いので直母可能（赤
ちゃんが自分で吸えるよう）になるには
もう一歩（写真下）。

❸大きさ

　乳頭の大きさは、赤ちゃんの口の大きさとの関係から判断されるもので、一概に大きいから吸えないとは言えません。本当に大きすぎて哺乳できないような場合には、赤ちゃんがある程度成長するまで、搾乳中心の授乳になる可能性もあるでしょう。しかし、乳頭が大きいから完全に授乳に不適切ということでは決してありません。

　まとめると、授乳に適した乳頭の条件として、次の点があげられます。

①乳頭が突出している（つまめば完全に突出する）

②乳輪部からつまんでみて、人差し指の第一関節まで余裕を持って
　つまめる＝伸展性がよい

③乳輪が人差し指の厚さくらいまでつぶれる

　他にも硬さや大きさの問題がありますが、まずはこの３点がクリアされれば、スムーズに吸わせることができる可能性が高まります。

❹あなたのウイークポイントはどこですか？

　授乳がスムーズにできないことが予測される状態、またトラブルを起こしやすそうな状態をあげてみました。

　あなたのウイークポイントはどんなところでしょうか。見えにくいところは、手鏡などを使ってよく観察しましょう。また自分のウイークポイントをよく知って、授乳をはじめてからの変化に注意しましょう。

■ウイークポイントのチェック

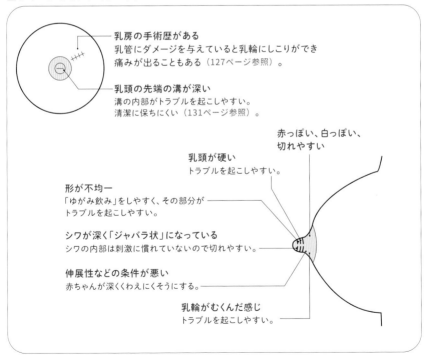

乳房の手術歴がある
乳管にダメージを与えていると乳輪にしこりができ
痛みが出ることもある（127ページ参照）。

乳頭の先端の溝が深い
溝の内部がトラブルを起こしやすい。
清潔に保ちにくい（131ページ参照）。

赤っぽい、白っぽい、
切れやすい

乳頭が硬い
トラブルを起こしやすい。

形が不均一
「ゆがみ飲み」をしやすく、その部分が
トラブルを起こしやすい。

シワが深く「ジャバラ状」になっている
シワの内部は刺激に慣れていないので切れやすい。

伸展性などの条件が悪い
赤ちゃんが深くくわえにくそうにする。

乳輪がむくんだ感じ
トラブルを起こしやすい。

妊娠中から知っておきたい オッパイの変化いろいろ

1 妊娠中のオッパイの変化

妊娠すると、乳腺組織が授乳のための態勢を整えていくので、おっぱいを製造するための工場がどんどん活動をはじめます。そのため、乳房自体が大きく発育し、普段は小さいオッパイの人でも、谷間ができるほどになることもあります。

そのような組織の発育によって、多量の血液が乳房内に流れ込み、妊娠初期には軽度の張りや痛さを感じたりします。乳頭も普段より敏感になり、硬くなったりします。

また、体全体の色素が沈着しやすくなり、中でも乳輪は黒っぽく大きくなることも多いです。一説によると、生まれたばかりの赤ちゃんでも「ピンボケ写真」くらいのレベルで物が見え、赤い色や白と黒のコントラストがはっきりしたものは見えるらしいといわれています。乳輪が黒くなるのも、赤ちゃんにとってはまさに「お母さんのオッパイはここだよ！」という目印なのかもしれませんね。

妊娠中期からすでに試作品のような少量のおっぱいを分泌する場合もありますが、異常ではありません。

2 産後早期のオッパイの変化

❶乳房うっ積（うっ積）

　前述したように、おっぱいは乳腺組織で血液を材料につくられていきます。出産して間もなく乳腺組織は生産体制に入り、材料の入荷を待っています。しかし、その材料が一気に、そして大量に入荷されると、そのあまりの急激な変化に対応しきれなくなることがあります。しかも、心臓という強いポンプで送り込まれる動脈血であるため、たとえ行き先が多少狭くなっていても、容赦なく入ってくるのです。

　これに対して材料の返品ルートである静脈は、ポンプで押し出されるわけではないため、行き先に抵抗があればそれ以上進めなくなって滞ってしまいます。これは

■血流が正常な状態

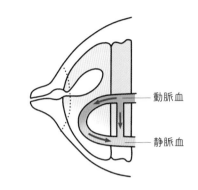

動脈血
静脈血

■乳房うっ積

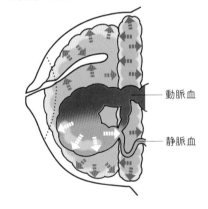

動脈血
静脈血

「うっ血」と呼ばれる状態です。とくにオッパイは「房」であるため、体のほかの部分と比べて血液が滞りやすい形をしているといえます。

　人によってその程度にはかなり差がありますが、産後2〜3日して急にオッパイが張ってきて痛く、それなのに飲ませても搾ってもそれほどおっぱいが出てこないということがあります。これを「乳房うっ

積（うっ積）」といい、産後早期はこの乳房うっ積をいかにクリアするかということが、第一の課題であるといっても過言ではありません。

　また、張っているわりにはおっぱいが出ないことからこの状態を、「乳管が開通していない」と表現する人がいますが、これは開通している・していないという問題ではありません。基本的には材料が工場の中にあふれ、乳腺組織が圧迫される「うっ血」状態であるということを知っておいてください。

　乳房うっ積には、大きく分けて2つのタイプがあります。

　1つ目は、うっ血が主な原因となっている典型的なうっ積で、オッパイの張りがひどく、時には眠れないくらいなのに分泌はわずかというケースです。このようなうっ積は、産後少し経ってから（3〜5日後）発症することも多く、小さい乳房の人に多いといわれています。これを「うっ血主導型のうっ積」といいます。

　2つ目は、うっ積の症状もあるけれど分泌もよく、だいたい赤ちゃんに足りるくらいの量は確保できるようなタイプです。このようなうっ積は、産後早め（1〜2日後）に発症することが多く、大きい乳房の人に多いといわれています。その後に分泌過多になりやすいため、このような傾向のある人は気をつけて対応する必要があります。これを「分泌主導型のうっ積」といいます。

❸乳頭トラブル

　産後早期はおっぱいの分泌がおおむね少なく、そのため赤ちゃんはガツガツとかなりの圧をかけて乳頭を吸います。その圧は3,000〜4,000mmH$_2$O（水の柱が３〜４mとび上がるほどの圧力）にも達するといわれています。さらに、6,000〜7,000mmH$_2$Oという、想像をはるかに超えた吸引圧のかかるケースが１割くらいはあることもわかってきました。赤ちゃんのパワーには驚くばかりですが、そのパワーでトラブルを起こしやすいことはご想像の通りです。

❹初乳はかけがえのない贈り物

　初乳が妊娠中から少しずつ出ている人もいますが、赤ちゃんにとって意味のあるものは、産後、おっぱいが出はじめてからしばらくのものと考えてください。このころのおっぱいは黄色っぽく粘り気があり、搾っても初めはポットン、ポットンと少量出る程度です。

　でもその少量の初乳は、赤ちゃんにとって吸収されやすい成分で構成されており、また適度なミネラル類が赤ちゃんの便（胎便）を促すこともわかっています。免疫効果も高く、雑菌に弱い赤ちゃんを守り、自然の予防接種のような役割を果たしたり、アレルギー疾患にかかりにくくする作用もあるといわれています。

　このように、大切な初乳はお母さんから赤ちゃんへの最初のプレゼントといえるでしょう。このかけがえのないプレゼントを、できるだけたくさん赤ちゃんに与えてあげましょう。

多胎妊娠といわれたら

1 多胎妊娠のリスク

❶多胎妊娠のリスク

　最近、不妊症治療の結果、多胎（双子など）妊娠する人が増加傾向にあります。多胎妊娠は一人の赤ちゃんの妊娠とは比較にならないくらい、妊娠中も産後も大変です。

　たとえば、早産予防のために長期に入院しなければならないことも多く、絶対安静で、トイレもベッド上ですまさなければならないこともあります。

　また、多胎の場合は帝王切開になることも多く、多くは低出生体重児であるため、赤ちゃんも長期入院が必要となります。

❷妊娠中に育児支援者を見つけておきましょう

　育児は一人でも大変な労力を費やすのに、多胎であれば、その倍以上の労力が必要になることは言うまでもありません。寝る暇もないくらいに育児に追われる毎日の中、体力的にも精神的にも経済的にも悩みを抱え、産後うつになる場合もあります。また、悩みを抱え過ぎて虐待に至ってしまったという話も耳にします。それらを未然に防ぐため、支援の体制を整えなくてはなりません。

多胎であることを知らされたお母さんは喜びの反面、育児、ことに授乳をどのように行ったらいいのかということに不安を持っていらっしゃるようです。その不安を解消するためには、まず家族の協力が不可欠であることは言うまでもありません。

　コロナ禍以降、在宅ワークのお父さんが増えましたし、育児休暇取得率が高くなったことは、社会の子育て支援に対する意識が変わったといえるでしょう。しかし多胎の子を育てることは、想像を絶するほど大変です。必要に応じて、さらに育児を手助けしてくれる人を見つけておきましょう。

　また、多胎の子を育てた先輩ママのアドバイスを受ける機会があると、とても心強いものです。多胎の子を育てているお母さんたちのサークルやネットワークもありますので、できれば妊娠中からコンタクトを取っておくとよいでしょう。妊娠中や産後の教室や育児指導の折りには、家族も可能な限り一緒に参加するとより安心です。

　赤ちゃんが生まれた後は時間に追われてゆっくり情報収集する時間がとれませんが、多胎の子のお母さんの場合はなおさらのことです。時間のある妊娠中に情報を得ておいて後でとても役に立ったというのが、多胎の子を育てた先輩ママから多く寄せられた意見でした。

　このように家族や地域のネットワークの中で十分な心の準備を行いながら、主治医をはじめ産科、小児科などの医療側のスタッフ、助産師や保健師たちとも十分なコミュニケーションをとっていくことが大切です。それが、より安心して子育てできる基盤になります。

❸多胎妊娠とオッパイケア

　妊娠経過が順調であれば、オッパイは通常のケア（30ページから参照）に準じて行ってよいでしょう。ただし、一人を妊娠しているとき

に比べて流早産しやすいため、慎重に行う必要があります。とくに乳頭マッサージは子宮の収縮を招くので、必ず主治医に相談しましょう。

またケアできない場合でも、硬いブラジャーからオッパイを解放しましょう。そうすることで自然に「基底部マッサージ」（30ページ参照）がされることになり、また服に擦れることで少しは乳頭の鍛練ができるかもしれません（ブラジャーの必要な人やその選び方については、42ページから参照）。

いいことたくさん！
妊娠中からできるセルフケア

1 乳房うっ積が断然軽くすみます

　乳房うっ積については前述した通りで、要は材料の仕入れ過ぎによる操業困難という状態であることをご理解いただけたと思います。それを予防するためには、材料が過剰に入ってきても返品システムをしっかり整えれば、かなり状況は変わるはずです。妊娠中から行う自己乳房マッサージ（基底部マッサージ）には、乳房内に入ってきた血液を心臓のほうに返すという血液循環のトレーニング、すなわち返品流通システムの整備・確立という意味があるのです。

　妊娠中から基底部マッサージを行っていた群とそうでない群とでうっ積の程度を比較した研究では、行っていた群では圧倒的にうっ積が軽い人が多く、行っていなかった群に比較的症状の重い人が多いことがわかっています（木村ら、1991年）。

　妊娠中から行う基底部マッサージは、産後にオッパイを痛くなく楽に経過させるための布石となるのです。

2 産後のおっぱいの分泌がよくなります

　妊娠中からの基底部マッサージは、血液循環のトレーニングである

ことをお話ししました。血液循環をよくすることは、酸素を豊富に含んだ血液を体のすみずみまで運び、組織を活性化させます。言い換えれば、工場をよく機能させること、つまりおっぱいの製造を順調に行っていくことにつながるのです。妊娠中から基底部マッサージを行うことで、おっぱいの分泌をよくすることが期待できます。

3 乳頭・乳輪部が柔らかくなります

　乳頭・乳輪部の伸展性のよし悪し（16ページ参照）や乳輪の厚さ（17ページ参照）が、スムーズに赤ちゃんに吸わせられるかどうかを大きく左右します。伸展性に着眼すると、妊娠初期のチェックではかなりの確率で伸展性の悪い人、つまり人差し指の第一関節までつまめない状態の人が見つかります。そういう人は、妊娠経過が順調なら妊娠16週（5カ月）くらいから乳頭・乳輪部マッサージをはじめてください。そして、2〜3カ月後に再度チェックを行うと別人のように改善していて、こちらがびっくりすることもしばしば経験します。マッサージを強化した群で、乳首の伸びの改善が著しいことがわかります（29ページの図を参照）。

　このように、ちょっとしたケアを続けていくことがスムーズな授乳へとつながるのです。

4 乳頭トラブルを起こしにくくなります

　乳房はたいてい普段はブラジャーでおおい、その上から衣服を着ているため、乳頭が外からの刺激を受ける機会はあまりありません。でも、やがては赤ちゃんの猛烈な食欲に応えて吸わせていくことになり

■乳頭・乳輪部マッサージの施行と乳首の伸展性の変化

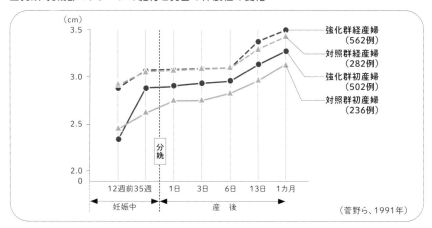

(菅野ら、1991年)

ます。母乳ははじめのうちはたくさん出るというわけではないので、その時期は赤ちゃんが3,000〜4,000mmH$_2$O（水の柱が3〜4m飛び上がる）の強い圧をかけるといわれ、たちまち傷ついてしまうことが考えられます。妊娠中の乳頭・乳輪部ケアを行うことにより、乳頭が柔らかくなってうっ血が改善できたり、伸展性など授乳条件が整ったりすることでトラブルを起こしにくくなると考えます。

　また、自分のウイークポイントを観察することで、授乳する際の注意点がわかりやすくなることもトラブル予防につながります。

5 陥没乳頭も早期からの対応で矯正が可能です

　陥没乳頭は乳頭部の発育不全で、妊婦全体の1.1％くらいに見られるといわれています。しかし、妊娠中は乳房全体が発育する時期なので、このときに血液循環を促しながらケアしていくと、かなりの改善が見られます。ケアの方法については、第3章のPOINT02「吸わせにくいオッパイと対応」で詳しく説明します（128ページ参照）。

やってみましょう！セルフマッサージ

1 オッパイマッサージの三大原則
もまない、しごかない、痛いことをしない

「オッパイマッサージ＝もんでもらう」という強いイメージがあります。でも基本的には、もんだりしごいたりはしません。妊娠中のオッパイは組織をつくっていくために軽い乳房うっ積のような状態になりやすく、張っていることがあります。産後早期は本格的なうっ積でやはりオッパイが張ってくることがありますが、張っているものに対して外的に強い圧を加えることは、組織を壊してしまうことにつながるのです。

　ここでも痛くないように対応することが、体を守ることになります。最近では、お産さえ無痛分娩を選択できるようになりました。

　以上の前提を踏まえて、自分で行うマッサージ法について説明していきましょう。

2 オッパイの付け根を動かす基底部マッサージ

　オッパイの土台の部分（基底部）を横から、斜めから、下からそれぞれ動かしていきます。結論的に言うと、痛くなく基底部がしっかり

と動くならどんな方法でも構いません。でも、妊娠中または産後しばらくの間はオッパイが張っていることも多く、乳房に直接力を加えることで痛みを感じやすいものです。痛くないようにするためには、片手でガードをして、オッパイの膨らみそのものに手が直接あたらないようにする方法をおすすめします。

❶横からのマッサージ

●指先を広げて保護する方法

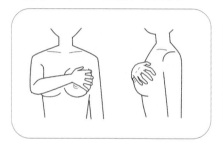

①横からオッパイをガードします。マッサージするオッパイと反対側の手の指を開いて軽く曲げ、バスケットボールをつかむような要領で、マッサージするオッパイの付け根にあてます。

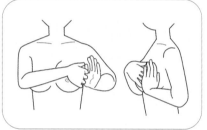

②マッサージするほうの手を拝むように立て、そのまま横にずらし、ガードした指の外側に母指球（手のひらの親指の付け根の膨らんだ部分）をあてます。

母指球

ここを使ってもOK

③乳房の土台を、体の中心に向けて動かしましょう。

●乳房を抱えるようにして保護する方法

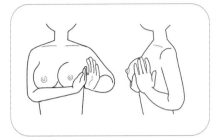

①ガードする手の指をそろえて、小指側をオッパイの外側の下のほうに当て、オッパイを抱え込むようにしてガードする方法もあります。

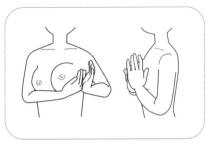

②もう一方の手を使って、乳房の土台を体の中心に向けて動かしましょう。

乳房を上から保護する方法もあります。オッパイをつぶさないように腕を浮かせましょう。

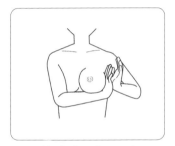

手の甲側で保護してもOKです。

　大きめのオッパイの人はこの方法が行いやすく、また小さいオッパイでも張りの強いときは、この方法がより痛くなく動かすことができます。このとき、オッパイにあてる保護の手は手のひら側でも手の甲側でもいいでしょう。また、うんと大きいオッパイの人でこのような抱え込み式でもガードしきれない場合は、親指から人差し指側を上からオッパイの外側に当てる方法でも構いません。

❷斜めからのマッサージ

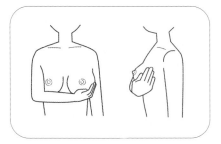

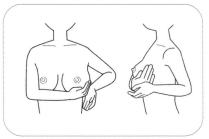

①横からのマッサージのときと同様に、抱え込む方法でガードします。このときガードした指先が脇につくくらい深く抱え込んだほうが、より痛くなく動かすことができます。このとき、手の甲側でオッパイを抱え込んでも構いません。

②マッサージする側のひじを横に突き出し、手首をカクンと曲げます。そして小指の下の手首に近い部分（小指球というポコリとした部分）を、ガードした手の小指の付け根のグリグリの部分（手の甲側）にあててみましょう。または親指の付け根の骨（大菱形骨）の部分をあてても構いません。

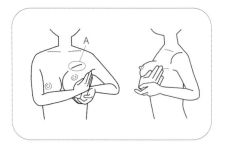

③そのままオッパイを斜めにすくい上げるように動かしていきます。図のAの部分にシワができるように意識してください。

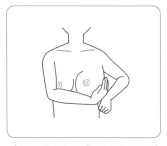

げんこつをつくって動かしてもOKです。

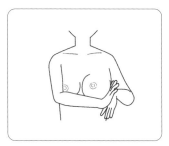

手の甲側で保護してもOKです。

❸下からのマッサージ

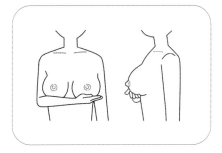

①指をそろえて、手のひらでオッパイを下からガードします。

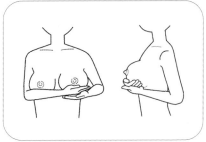

②ガードした手のひらの下にマッサージする手を添わせ、下からすくい上げるように動かします。

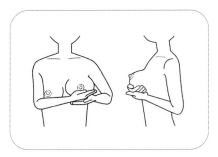

③このときオッパイをつぶさないようにすると痛くなく行えます。そのためには、ガードしている手のひらを少し正面に向ける感じにするとうまくいきます。小さいオッパイの人は、オッパイをつぶしやすいので注意し、付け根からえぐり上げる感じを意識するとよいでしょう。

❹マッサージのめやす

・基底部マッサージは、痛くないけれどこれ以上いかないというところまで、大きくゆっくり3回ずつ動かし、それを左右ともに行います。これを1クールとします。

・妊娠中はこの基底部マッサージを通常1日1クール行います。

・オッパイを動かしやすいように、できればブラジャーなどは外した状態で行います。入浴中に行うのもひとつの方法です。

・基底部マッサージを行うことで、かえって調子が悪くなったりしこりができてくるような場合は、オッパイの膨らみそのものを刺激している可能性があります。ガードする手は皮膚のたるみをとるようにし、さらにマッサージする手はガードする手のできるだけ外側に接して構え、オッパイの付け根の部分を意識して動かしましょう。

・基底部マッサージの順番はとくに決まっていません。やりやすいところからはじめてください。

ワンポイント

"オッパイを触らないオッパイ体操"で
肩から背中もほぐしましょう！

　乳房の状態は、そのほとんどをのせている大胸筋や肩甲骨を動かす筋肉など、周辺の筋肉の動きと密接に関係しています。ゆっくりと肩を回したり、簡単な運動を行ったりして、乳房そのものだけでなく周辺から整えていきましょう。

　"オッパイを触らないオッパイ体操"は乳房の状態をよくするだけでなく、肩や背中のコリをやわらげたり、赤ちゃんを抱っこしやすくしたりとたくさんのメリットがあります。また、上体ひねりの操体法を行った後は、基底部マッサージを行いやすくなるという効果もあります。ぜひ妊娠中から行い、育児をしやすい体づくりをしましょう。

上体ひねりの操体法

①姿勢よく座り、肩の先に指先があたるようにひじを曲げます。その状態でゆっくり左右にひねってみます。どちらが心地よいかチェックします。

②心地よいほうに肩をひねってみましょう。足に力を入れず、アンダーバストから上だけを回す意識で、ゆっくり動きます。無理のないところまでひねったら、そのまま止めて5〜10秒間呼吸をします。

③吐く息と同時にふわっと脱力しましょう。脱力したままの自然な姿勢でリラックス。ゆっくり2回呼吸します。
①〜③を3回くり返します。

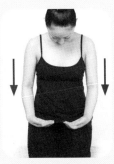

④今度はひねりにくかった
方向に無理のないようゆ
っくりとひねります。この
状態で5〜10秒間呼吸
をします。

⑤最後の吐く息と同時にふ
わっと脱力。筋肉の緊張
が解け、ジーンとする感
覚が広がるのを味わい
ながらゆっくり2回呼吸し
ます。

⑥最初に動きのよかったほ
うから、再度チェックしま
す。操体法をする前と比
べて変化があったかどう
かチェックしましょう。ひ
ねりにくかった方向にひ
ねりやすくなっていたり、
ひねりやすかったほうが
さらに動きやすくなったり、
背中や指先などが温かく
なるなど、よい変化を感
じられると思います。
ここまでが1セットです。

体の前で腕を組むような構え方でもOKです。これなら赤ちゃんをまる
まる抱っこした状態でも行えます。

3 乳頭・乳輪部マッサージ

❶乳頭圧迫

　初めのうちは、下のイラストの①②の要領で圧迫だけを行います。「痛いことはしない」という原則を忘れないでください。時間をかけて（5〜10秒）行うと、圧迫した部分の血液循環がよくなり、組織がだんだん柔らかくなってきます。

　人によっては妊娠中、乳頭や乳輪部が異常に敏感になっていて、圧迫はもちろん、触るのもためらわれることがあります。その場合は決

■乳頭・乳輪部マッサージの手順

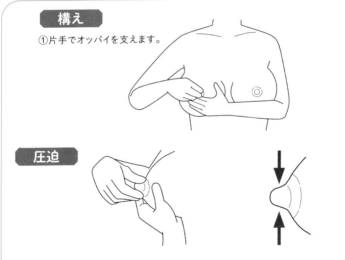

構え

①片手でオッパイを支えます。

圧迫

②もう一方の手の親指、人差し指、中指の3本の指で乳輪部から乳首をつまみ、乳頭の先端をつぶすように意識してゆっくり圧迫します。圧迫しているほうの指と指の腹がくっつくくらいに意識してください。これは、赤ちゃんが吸ってもっとも負担がかかる乳頭の先端を強くすることと、乳頭全体に触れるという意味があります。
最初はゆっくり行い、乳頭・乳輪部の位置を変えながら圧迫していきます。
伸展性がよくない場合（人差し指の第一関節までつまめない状態のとき）は、できるだけ深くつまんでその位置から同じ要領で圧迫します。

して無理をせず、痛くない場所を探し、触り慣れることからはじめていきましょう。慣れてきたら、痛くない程度に圧を加えてみます。できるようになったら、丸いものをつぶすイメージで圧を加えていき、先端までつぶすイメージで少しずつ進めていきます。段階を踏んでケアしていくことがおすすめです。

　先端まで３秒くらいで圧迫できるようになったら、次の「もみずらし」を取り入れてみましょう。

❷もみずらし

　乳頭圧迫を行いながら、縦方向や横方向にもみずらすような動きをつけてもよいでしょう。こうすると乳頭のウイークポイント（19ページ参照）の強化が期待できますが、くれぐれも無理のないように行いましょう。

　妊娠中は、初めは圧迫のみ１分ずつ。慣れてきたらもみずらしも取り入れて、１分ずつを基本に行います。

■もみずらし

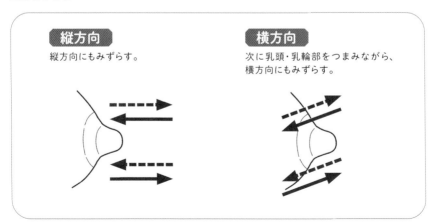

乳頭・乳輪部のむくみのとり方

乳頭・乳輪部にむくみのある場合は、むくみをとる必要が出てきます。

■むくみのとり方

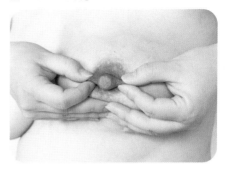

乳頭・乳輪部のむくみをとると、赤ちゃんに吸わせやすくなります。

①両手の親指と人差し指で、乳輪のもっとも外側（図の1の位置）から大福もちの皮だけをつまむ（中のアンコはつままない）ようなイメージでつまみます。

②指先の力を抜きながら、つまんだ皮膚を軽くもみほぐすようにします。痛くないように力加減に気をつけましょう。

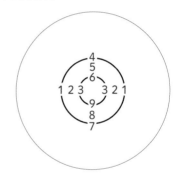

③少し中に進めて2の位置、3の位置と同じ要領で行います。こうすると、時計の針でいう3時、9時あたりのむくみがとれてきます。

④縦方向は片手で、図の4→5→6→7→8→9、または7→8→9→4→5→6の順に、その手の親指と人差し指でつまみながら、②と同様の動きをつけます。

⑤上の①から④を3回ぐらい行います。

このようにすると、軽いむくみならかなり改善し、乳頭マッサージも行いやすくなります。産後は赤ちゃんに吸わせやすくなります。

　妊娠中のケアは、妊娠経過が順調なら16週に入ったら行いましょう。乳頭圧迫を行うと少しお腹が張ることがありますので、慎重に対応しましょう。強くお腹が張ったり、医師から安静の指示が出ている場合は落ち着くまでやめておき、36週くらいから本格的にはじめていきましょう。

　また今回の妊娠は正常な経過でも、流産や早産の既往があったり、心配なことがある場合は、やはり慎重に対応し観察のみに留めておくほうが無難かもしれません。上体ひねりの操体法や肩を回す体操（36〜37ページ参照）は、直接の刺激にならないので行っても大丈夫でしょう。

6 妊娠中にしておきたいその他のケア

❶オイル湿布

　妊娠中は新陳代謝が活発なため、乳頭の先端はアカがたまりやすい状態になっています。また妊娠中期ごろからすでに初乳の分泌のある場合は、そのカスも付着して乳頭の先端は汚れてきます。このような状態では、乳

■オイル湿布の貼り方

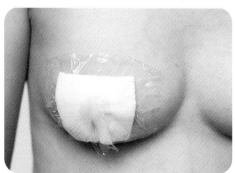

オイルを含ませたコットンを乳頭に貼りつけ、ラップフィルムでぴったり被います。

頭の先端は帽子をかぶせたような状態になって、刺激に弱いだけでなく、アカの付着により乾燥し、皮膚も亀裂を生じやすくなるので、注

意しなければなりません。

　さらにアカなどで汚れていると、おっぱいの出口である乳口が詰まり、乳汁の疎通性を悪くしますので、できるだけ取り去るようにしておきましょう。だからといって、ツメでカリカリひっかくようなことをすると傷つきやすいうえ、アカも十分に落とせません。

　そこで、そのような汚れが油に溶けやすいことを利用して、次のような手順でオイル湿布を行ってみましょう。

①入浴の10分くらい前に準備をします。化粧用のコットンにオイル（クレンジングオイルやクリーム、ベビーオイルなど）をたっぷり含ませます。
②オイルを含ませたコットンを乳頭に貼りつけ、その上から適当な大きさに切った食品用ラップフィルムで被い、10分間待ちます（この間にアカがふやけます）。
③10分経ったらあてていたコットンで軽くこすり、大まかなアカを落とします。
④入浴したら石鹸をよく泡立て、十分に洗います。

　このようなオイル湿布は、36週に入ったら週に１回行いましょう。

❷ブラジャーの選び方

　妊娠中はできるだけブラジャーを着用せず、オッパイをブラブラさせ、「自然の基底部マッサージ」ができている状態がよいといわれています。

　でも、薄着になるときやアウターによっては、現実的にはノーブラというわけにはいかない場合もあります。また、オッパイの大きい人

の中には、ブラジャーをしないとかえって苦しいこともあったり、乳輪部がむくむこともあります。固く締めつけるようなものは、オッパイを「動かすものか！」という状態にして血液循環を悪くします。また、乳頭を押さえつけ基底部の方向に圧迫してしまうため、ジャバラ状のシワをつくりやすくなり（19ページ参照）、それがウイークポイントになります。

　ブラジャーを選ぶときは必ず試着し、次の2点に注意しましょう。

　1. オッパイを締めつけないこと。

　2. オッパイが持ち上がるような感じがあり、気持ちのよいものを
　　選ぶこと。

　また大きいオッパイの人は、バストポイントが前を向くようにオッパイをブラジャーに収めてください。オッパイを球に近い形で保つことにより、血液循環のアンバランスが少なくなり、むくみも生じにくくなります。

妊娠中のオッパイケア Q&A

Q1 今回の妊娠経過について、医師からはとくに異常を指摘されていませんが、以前流産したことがあるので妊娠中のオッパイケアをしてよいか心配です。どうしたらよいでしょうか？

A 自分自身が不安に思う場合は、無理しないでください。

通常、妊娠経過が順調であれば、16週からセルフマッサージなどを開始するように説明していますが、不安が強い場合は慎重に進めてください。かわりに、状態によってはノーブラで過ごし、自然に基底部がブラブラ動いたり、乳頭が服にすれて多少なりとも慣れができる機会をつくっていきましょう。

また、自分のオッパイをよく観察しておくこともセルフケアのひとつであり、授乳がはじまってからの変化やトラブルに早く気づくことにも役立ちます。本格的なケアは、36週に入ったら行うようにしましょう。上体ひねりの操体法や肩を回す体操（36〜37ページ参照）は無理なく気持ちよく感じる程度に行って構いません。

Q2 妊娠してから乳首がかゆく、つい掻きむしってしまうことがあり、とても不快です。どうしたらよいでしょうか？

A かゆみを改善する対策を考えましょう。

妊娠中はホルモンの影響で、体のかゆみを訴える人がいます。中でも、「乳首がかゆい」という訴えはかなり多く聞かれます。人によっては、夜寝ている間に激しく掻きむしってしまい、朝起きたら乳頭や乳輪部が傷だらけになっていたというケースもありました。そのような中には、傷口から細菌感染を起こし、妊娠中でも乳腺炎を起こした事例もありました。

そこで、できるだけかゆみが治まるよう、できることから行ってみてください。まずブラジャーなどの下着は、とくに乳房にあたる部分が木綿など吸湿性のよい素材でできているものを身につけましょう。また、入浴の際は石鹸でやさしく洗って清潔にし、乾燥するようなら保湿効果のあるローションやジェルなどを使用してもよいでしょう。

　それでもかゆみが治まらないようならば、かゆみ止めの軟膏やクリームを処方してもらいましょう。

Q3 第１子のときは母乳の分泌がよくなく、結局は人工栄養になりました。今回（第２子）はぜひ母乳で育てたいと思います。妊娠中からケアを行うにあたり、なにかアドバイスはありますか？

A 統計的には、初産婦さんよりも経産婦さんのほうが母乳の出がよいということが確認されています。一度機能した乳腺組織は活動しやすくなると思われることや、お母さん自身が赤ちゃんやオッパイの扱いに慣れていて、初めてのときよりも不安が少ないからということも考えられます。妊娠中からのセルフマッサージは分泌をよくするだけでなく、うっ血を予防してオッパイの経過を楽にする効果がありますので、ぜひ実行するとよいでしょう（30ページ参照）。出産後も相談にのってくれる助産院や母乳外来のある病院、産褥入院できる施設などを妊娠中から探しておくと、より心強いでしょう。

Q4 第１子のときは母乳が出過ぎてしまい、とてもつらい思いをしました。現在、第２子を妊娠中なのですが、オッパイマッサージはどうしたらよいでしょう？

A 産後早期の乳房うっ積の症状（21ページ参照）はいかがでしたか？　オッパイは張っているのに、母乳の分泌がわずかしかないとい

うようなうっ血の症状が強かった場合は、それを改善させることを優先してケアしたほうがよいので、妊娠経過が正常ならば通常通り基底部マッサージを行いましょう。逆にうっ血の症状がほとんどなく、早期から母乳の分泌が比較的よく、そのまま出過ぎになってしまった場合は、妊娠中の基底部マッサージを行わないほうがよいでしょう。

Q5 以前、乳房の手術を受けたことがあります。気をつけておくことはありますか？

A 手術の際にどこにメスが入ったかによって、産後のオッパイの状態に大きな差が生じますし、先天的に乳管が欠損しているケースもあり、どちらにしても「フタを開けてみないとわからない」状態です。まずは妊娠中の通常通りのケアを行ってよいと思われますが、しこりができる、痛くなってきたなどの症状が出た場合、基底部マッサージは中止し、その部分を冷やしてすみやかに医師に相談してください。また妊娠中とくに変化はなくても、手術の既往があることは医師や助産師に知らせておきましょう。産後も注意して観察し、1カ所が急に硬くなり痛くなった場合は、すぐにその部分を冷やして相談しましょう。

第 2 章

いよいよ
母乳育児の
はじまりです

母乳育児の基礎知識

1 産後のオッパイ、これだけは知ってください

❶アクセルとブレーキ

　これからおっぱいを出すのに（＋）に働いていくことを「アクセル」と表現します。アクセルを踏むためには、次の３つが条件です。

　①基底部マッサージ…………血液循環をよくする。

　②授乳、搾乳………………乳房の中をできるだけカラにしておく。

　③赤ちゃんに直接吸わせる…乳頭刺激によりホルモンの分泌を促す。

　③の**「赤ちゃんに直接吸わせる」**は絶対条件ではありません。もしこれが絶対条件なら、生後間もなく赤ちゃんが保育器に入ってしまうなど、直接オッパイを吸わせられない場合、その人はおっぱいが１滴も出ないことになってしまいますが、実際はそうではありません。

　次におっぱいを出すのに（－）に働いていくことを「ブレーキ」と表現します。アクセルとまったく逆をすることになります。すなわち、次の３つが条件です。まずは、これを知ってください。

　①オッパイを冷やす…………材料の入荷を少なくする。

　②乳房に圧をかける…………乳房内におっぱいがたまった状態にしてダブつかせる・外から圧をかけて血液循環を悪くする。

　③ブロモクリプチン製剤などを内服する……おっぱいをつくる指令

を出すホルモンの分泌を抑制する。

❷オッパイの痛みは我慢しないで

　とくに産後早期は、あなたのオッパイも乳房うっ積（うっ積）などの大きな変化があったり、またトラブルを起こしやすく、痛みとして感じられることも多々あるかもしれません。痛みを我慢することは美徳という考え方を持っている人もいて、そういう人には「我慢できないのは甘えている」、まして「オッパイの痛みが我慢できないなんて、母親失格よ！」と言われかねません。

　でも、そうではありません。これまで述べてきたように、痛みは体の中からの警告です。その警告を素直に受け入れることが、自分の心身を守ることになるのです。また痛みというものは、人によってずいぶん感じ方に差があります。自分が痛いと感じたら痛みをとりのぞく、または痛くないように対処していくことが大切です。

❸オッパイのしこりや痛みは冷やしましょう

　多くの人が、おっぱいは冷やすと止まると思っています。確かにオッパイを冷やすと一時的にブレーキを踏むことになり、その間はおっぱいの出が悪くなります。でも、それはおっぱい工場の閉鎖ではなく休業であり、平常営業に戻せば元に戻る変化なのです（14ページ参照）。おっぱいを止めるには徹底的に冷やして２週間以上かかるので、数日間のことではまったく問題ありません。しこりや痛みのある部分を冷やして気持ちよく感じるのなら、安心して冷やしましょう。

　また、痛みやしこりを冷やすことを、こらえ性がなくわがままだという人もいますが、決してわがままなことではありません。それよりも医学的に正しいことなのだと自信を持ってください。冷やして気持

ちがいいと感じるということは、その部分の組織が熱を持っていることを意味し、冷やすことを欲しているのです。熱が出たときに体を冷やすことと同じだと考えてください。

　冷やすためには保冷剤を凍らせて使用すればよいのですが、他にはタオルやハンカチなどを水でぬらしてビニール袋に入れ、冷凍庫で凍らせたものなどでもよいでしょう。この場合は、直接肌に当てると凍傷を起こすことがあるので、必ず薄めのタオルやガーゼハンカチなどで包んで当ててください。

　いわゆる市販の消炎鎮痛作用のある湿布は一旦ヒンヤリとしますが、実は温める効果になってしまうことも多いので使用しないでください。冷却シートなどは、かぶれやすい体質の人には注意が必要ですが、気化熱を奪うことで冷やす効果が得られ、最近は保冷効果を持続できるものも出てきました。しかし表面は冷えても中のほうは冷えにくく、なにもしないよりはよいという程度のようです。

　昔はじゃがいもなどをすりおろしたものやキャベツ、豆腐などを使っていたようです。自然界の中で冷たいものや氷が手に入りにくかった時代、昔の人たちは苦労したのだろうと思います。今は清潔にすぐ使用できる保冷剤などがありますし、「冷たいもので熱をとる」効果は数段上なのです。「組織が固まってしまうのでは」「体に悪いのでは」という不安を持っている人もいますが、冷やして組織が固まることは医学的にありえません。お母さん自身が気持ちよいと感じている限り害はありません。

　冷やすことが不快に感じるようなら、冷やすのを止めてください。それは「もう冷やさなくていい」という体からのサインなのです。このように体からのサインに素直に対応していけば間違いありません。

❶哺乳量の測定

　直接おっぱいを飲ませたとき（直接母乳＝直母と表現します）、その量を測定します。とくに、産後早期の刻々と変化するオッパイの経過を見ていくのにとても大切です。入院中でしたら、まだおっぱいの分泌が少量のころでも最低１日１回、ある程度分泌してくるようになったら、できれば１日何回か測ると参考になるでしょう。

■哺乳量測定の方法

　①赤ちゃんのオムツが汚れているようなら、オムツ交換を行う。

　②服を着せたまま赤ちゃんを体重計にのせ、その値をメモする。

　③直母した後、再度体重計にのせる。その値から、飲ませる前に測定した体重を差し引く。これが直母量です（自動的に哺乳量を測定してくれる便利な体重計もあります）。

　　*オッパイを飲ませている間にウンチをした場合などは、その時点で一度体重を測定し、それまでに飲めた直母量(a)を測定します。その後再度①〜③の手順で行い、最後に(a)と合計します。この値が直母量ということになります。

❷赤ちゃんの抱き方、オッパイの含ませ方

　赤ちゃんがおっぱいを飲むときには、乳首を深くくわえ込み、乳管洞（乳輪部の中のほう、13ページ参照）と呼ばれる部分に圧を加えながら飲んでいます。トラブルを起こさず、十分に飲ませるためには、乳管洞のところまで深くまっすぐにくわえさせる必要があります。赤ちゃんが大きく口を開けたら、乳輪部まで、できるだけまっすぐに入れるようにしてみましょう。

　そのとき、とくに下唇側からしっかりオッパイが受けられていて、

下唇が外側へめくれているか確認してください。

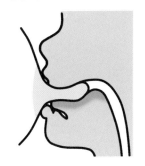

■授乳中の赤ちゃんの口の状態

またおっぱいを飲むとき、乳首には赤ちゃんの唇の上下方向に強い力が加わり、その方向の乳腺からのおっぱいを飲むことができます。一方、口角（上下の唇の合わさる部分）の方向にはあまり力が加わらず、その方向からのおっぱいは十分に飲めないことがあります。

授乳の際、考慮しなければならないことに、赤ちゃんの抱き方があります。赤ちゃんの抱き方を変えることは方向を変えて飲ませることにもなり、１カ所に負担をかけず、まんべんなくおっぱいを飲ませることにつながります。またトラブルがある場合は、その部分を避けて飲ませることができます。このことを知っていると多少の痛みを感じたときでも、ちょっと方向を変えるだけで痛みなく飲ませることにつながります。

赤ちゃんの姿勢も、うまく直母するための大切な要素です。赤ちゃんの背中は、生理的なＣの字のカーブを保ちましょう。アゴが上がり、首が反る状態になっていると、舌を前に出すことが困難になり、さらに頭部がねじれていると、舌をまっすぐ前に出すことができずうまくくわえられません。反対に、アゴが下がり過ぎてもうまく飲めません。

■赤ちゃんの自然な姿勢

お母さんの体に負担がなく、楽な姿勢であることも大切です。必要以上に前かがみになっていたり、体がねじれたりしないよう工夫しましょ

う。授乳用のクッションの使い方にも注意が必要です（60ページ参照）。

　基本的な抱き方には、抱き飲み、横飲み、立ち飲み、脇飲み（ラグビーポジション）があります。

3　抱き方のテクニック

❶抱き飲み

①お母さんの楽な座り姿勢をとります。

座骨結節（お尻の下のぐりぐり）にできるだけ均等に体重がのるように座りましょう。床に座る場合はあぐら、正座がおすすめです。薄いクッションなどお尻の下に敷いたほうが楽でしたら、使用してみてください。バスタオルを折り畳んだものでもよいでしょう。

四つ折りにしたバスタオルや、薄いクッションを用意します。

■お母さんの姿勢

よい例

お尻の下に敷くと、背中が真っ直ぐ伸び、楽になります。オッパイも前に出て、赤ちゃんに飲ませやすくなります。

悪い例

畳や床に直接座った場合、あぐらをかくと背中が丸くなってしまう人がいます。姿勢が疲れるうえに、オッパイが引っ込んでしまいます。

正座する場合は、ひざをついた状態で、ふくらはぎの上にバスタオルを置きます。

　お尻が痛い場合は、円座クッションを使用するのもよいでしょう。足を組んだり、横座りは体のバランスを悪くすることがあるためおすすめしません。お母さんの楽なよい姿勢は、自然にオッパイが前に突き出されて、赤ちゃんも飲みやすくなるでしょう。

②赤ちゃんをまるまる抱っこします。赤ちゃんのおでこ→鼻→アゴ→おへそをむすぶラインがまっすぐ、背中は自然なCカーブ、両手はファイティングポーズ、足はあぐらになっていますか？

③まるまる抱っこしたままバストトップと赤ちゃんの口の高さを合わせます。

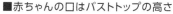

■赤ちゃんの口はバストトップの高さ

④赤ちゃんのお尻とお母さんのひざの間の隙間があればクッション、座布団などを挟んで隙間をなくします。赤ちゃんを持ち上げた状態での授乳は、お母さんの体に負担がかかり、授乳のたびにとても疲れてしまいます。また赤ちゃんも不安定な姿勢になりがちで、浅飲みになってしまいうまく飲めません。

⑤赤ちゃんのお尻を下ろして、お母さんのほうへ体ごと回転させます。このとき、お母さんが赤ちゃんを持ち上げなくてはいけない状態になっていたり、前かがみになり過ぎたり、母子とも反ったりしていませんか？　そんなときは、隙間を埋めているクッションなどの高さや硬さが不適切な可能性があります。また、クッションが必要ではないケースもあります。調整してみましょう。

⑥オッパイを赤ちゃんの口へ誘導します。赤ちゃんはオッパイに吸いつくことは本能的に知っていますが、どのようにすると深く吸いついて上手に飲めるかは、ある程度お母さんが導いてあげる必要があります。初めのうちは、一方の手で赤ちゃんの背中から首元を支え、もう一方の手でオッパイを下から握るように支えて、先端をツンととがらせるようにして乳輪のところまでくわえさせてみましょう。

　このとき、赤ちゃんの口に深く下からはめ込むような感じでくわえさせると、うまくいくことが多いです。このほうが深く

■赤ちゃんの口をお母さんのほうへ回転させ、誘導する

まっすぐにくわえさせることが
でき、ゆがみ飲みなどを避ける
ことができます。

■足を上げて、高さを調整

⑦安定して飲みはじめたら、できた
隙間を埋めます。前腕や手首のと
ころなど隙間はありませんか？
タオルを折ったものなどをちょ
っと挟み込んでみましょう。足の
下に箱などを置いて、ひざの位置を高くしてもよいでしょう。

　慣れてきたら、お母さんの腕に赤ちゃんの頭をもたれさせた抱き方
に切り替えていってもよいでしょう。その場合も必要に応じバスタオ
ルなどを上手に使用して、隙間をなくし楽な姿勢で授乳してください。
　赤ちゃんの姿勢はよいか、お母さんの体はねじれていないか、緊
張しているところがないか、チェックしてみてください。

■隙間にバスタオルなどを入れる

横飲みの場合は、だいたいこの方法に準じます。クッション上に寝かせ赤ちゃんの体をお母さんの体に巻きつけるように丸く支えます。赤ちゃんの高さに注意して、お母さんが前かがみになり過ぎたり、反ったりしないようにしましょう。

横飲みは赤ちゃんが小さいうちはやりやすい方法といえますが、体が大きくなるとクッションからはみ出し反りやすくなります。そのときは、抱き飲みに切り替えていきましょう。

■横飲みの場合

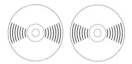

横飲みで赤ちゃんが主に飲む方向（斜線部）

赤ちゃんをお母さんのひざに座らせて、回転させるイメージです。クッションが不要になることも多いでしょう。

■抱き飲み

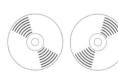

抱き飲みで赤ちゃんが
主に飲む方向（斜線部）

❷立ち飲み

①お母さんのひざの上に、赤ちゃんをあぐらをかくように座らせます。

②やりやすい側の手で赤ちゃんの首元を支え、赤ちゃんの口にまっすぐ乳首〜乳輪部を入れるようにします。このとき、必要以上に赤ちゃんの首を反らせたり、背中のカーブをつぶしたりしないよう注意しましょう。またお母さんの姿勢が前かがみになり過ぎる場合は、赤ちゃんのお尻の下にクッションなどを入れて高さを調整しましょう。

■立ち飲み

立ち飲みで赤ちゃんが
主に飲む方向（斜線部）

　この方法は、赤ちゃんの首を支えて深くまっすぐにくわえさせるために、とくに小さめの乳房の人にはやりやすい方法かもしれません。しかし、お母さんの手首を支えるところがないために負担がかかり、疲労のために支えが不安定になって、先飲みになりやすいこともあるので注意が必要です。また、赤ちゃんの成長とともに立ち飲みは難しくなってきますので、他の飲ませ方に切り替える必要があります。

❸脇飲み（ラグビーポジション）

①まずお母さんのひざのすぐ脇に、ひざと同じ高さになるように座布団やクッションなどを重ねて土台をつくります。

②①の土台とひざに渡すように、もうひとつの土台を置きます。

③②の土台に赤ちゃんを寝かせ、首元を支えてくわえさせます。このとき、赤ちゃんの自然な姿勢が保て、背中が反らないように注意します。高さの調節が必要なら抱き飲みと同じ要領で行います。こうすると、ちょうどラグビーボールを抱えるような状態になるため、ラグビーポジションと呼ばれています。座布団やクッションが自然に赤ちゃんの体重を支えてくれるため、楽だといわれる人もいます。

■脇飲み（ラグビーポジション）

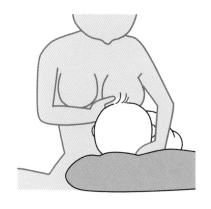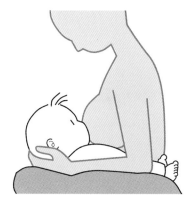

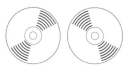

脇飲み（ラグビーポジション）で
赤ちゃんが主に飲む方向（斜線部）

クッションの使い方

　授乳姿勢に注目してみましょう。楽な授乳のためには、クッションの選び方や使い方が大切です。

　お家にある普通のクッション、座布団、バスタオル、おくるみなどが役立ちます。出先でも楽に授乳できるようコツを覚えておきましょう。クッションが不要なこともあるので、イラストを参考にしてみてください。

脇飲みはこのようにすると、
赤ちゃんの姿勢が保てます。

赤ちゃんのお尻の下にバスタオルを
畳んだものを敷いています。

硬くて厚いクッションを使って、お母さんの
腕を支えます。力が抜けてラクな姿勢にな
ります。赤ちゃんは、クッションの真ん中（綿
のないところ）に寝かせましょう。

少し大きめの赤ちゃんの場合は、お母さんの膝
に置いて、少し回転させるとよいでしょう。

硬くて厚いクッションが、高さが合わず、肩がこりそうです。

お母さんが極端な前かがみになると、背中が痛くなりやすいです。調節する必要があります。

クッションの高さは合っていそうですが、お母さんの体がずいぶんねじれています。

母子とも体がねじれて、支えもないのでつらそうです。

赤ちゃんの足がだらんとしています。
足が上がると赤ちゃんが楽です。

お母さんが少し前かがみなので、
薄いクッションなどでもう少し
赤ちゃんの位置を高くすると楽になります。

とくに大きいオッパイの人は、
バスタオルだけでよい場合もあります。

出先ではテーブルを使ってもよいでしょう。

4　搾乳の方法

　搾乳は、いろいろな理由で直母できない場合に必要となります。また、飲み残したおっぱいの処理（後搾り）など、セルフケアをしていくうえで、ぜひマスターしていただきたいテクニックのひとつです。直母できなくても、搾乳をしながら何カ月でも母乳の分泌を維持していくことが可能です。

❶片手搾り

　①どちらかの手の中指、薬指、小指でオッパイを下から支え、もう
　　一方の手で哺乳瓶（容器）を持ちます。

■片手搾り

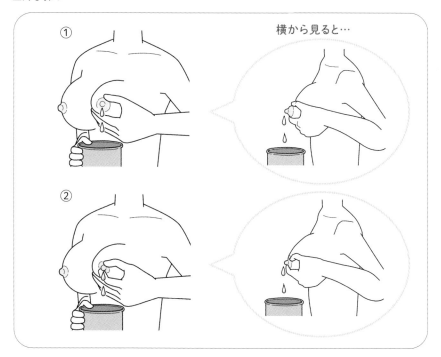

①

横から見ると…

②

②オッパイを支えた手の人差し指と親指をアルファベットのCの字のようにし、乳輪と皮膚の境のあたりに当てます。乳輪が小さめの場合は乳輪の少し外側を、乳輪が大きめの場合は少し内側に当ててください。そして乳管洞の部分をねらって、ちょうど豆をつぶすような感じで圧を加えます。このときに気をつけることは、痛くないように「想像の豆」をゆっくりつぶし切るような感じですることです。

③ある程度搾れたら指の位置を変え、同じ要領で行います。

　おっぱいの分泌が比較的少ない初めのころは、この方法で十分です。注意することは、痛くないようにすること、しごかないようにすることです。しごくと擦過傷ができやすく、「想像の豆」をつぶしにくいため効果的な搾り方ができません（67ページ参照）。

❷両手搾り

　片手搾りの要領で、さらにもう一方の手で圧がかかるようにしながら搾ります。圧をかけているほうの手は、痛くない程度にオッパイを圧迫しますが、もんだり、しごいたり、痛いことはしないようにしましょう。

　両手搾りは、乳房に圧をかけ効率よく搾ることができるので、ある程度分泌量が増加した人に向いています。また、片手で圧をかけながら残っている部分を確認できるため、ここだけ搾りたいという「ポイント搾り」が可能です。自分で使いやすいように工夫して、母乳を受ける容器を準備しましょう。

■両手搾り

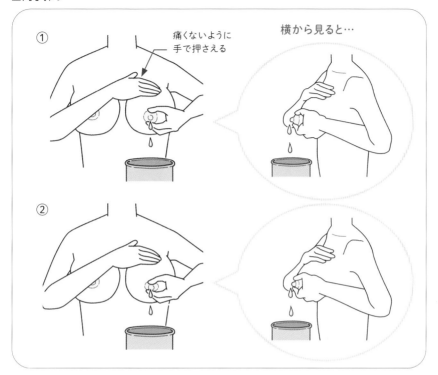

①

痛くないように
手で押さえる

横から見ると…

②

■オッパイが小さい場合の搾乳

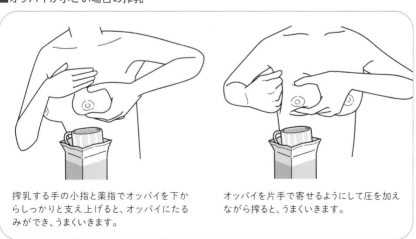

搾乳する手の小指と薬指でオッパイを下からしっかりと支え上げると、オッパイにたるみができ、うまくいきます。

オッパイを片手で寄せるようにして圧を加えながら搾ると、うまくいきます。

■授乳のための工夫と便利グッズ

●授乳時の衣服のまくし上げ方

Tシャツやセーターなどを着たまま授乳をするときは、前身ごろをまくし上げてオッパイを
出します。そのとき、ゴムひもを首にかけて衣服がずれないようにすると便利です。

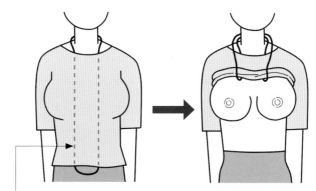

ゴムひも（100均で売っている40cmくらいのヘアゴムなど）

●牛乳パックの搾乳瓶ホルダー

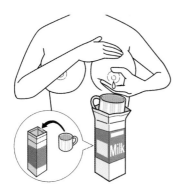

　哺乳瓶を足の間にはさんで両手搾り
を行うときは、背中をかなりかがめなく
てはなりませんが、牛乳パックを使って
タオルで底上げし、高さを調節すると楽
に搾乳できます。

　哺乳瓶のかわりに消毒したマグカッ
プを使用してもよいでしょう。

●搾乳しにくいオッパイ

　乳輪のむくみや乳房うっ積などの症状がある時期、妊娠中から乳輪が硬く、搾乳すると乳首が乳輪に引き込まれてしまうようなケースでは、乳管洞にうまく圧がかからず、搾乳が難しくなることがあります。とくに乳輪がむくんでいるときに無理に搾乳すると、トラブルにつながりかねません。

　このような場合には、乳頭・乳輪部のむくみとりや圧迫を十分に行ってから、しごかないように正しい方法でゆっくり搾乳しましょう。小さいオッパイも65ページの下の図のようにするとうまく搾れます。また、搾乳しにくい状態では、赤ちゃんもうまく直母できないこともわかっています。直母する前の乳頭圧迫やむくみとりを行い、乳頭・乳輪部をできるだけ柔らかくしておく必要があることは言うまでもありません。吸わせていて痛くないかどうかよく注意し、場合によっては直母も練習程度にとどめ、無理のない範囲にしましょう。

ワンポイント

親指と人差し指で
リングをつくってみましょう

　丸いリングができましたか？　それともレモン型ですか？　レモン型になってしまった人は、どうしてもしごくように搾乳する傾向にあり、擦過傷などができやすいばかりでなく、うまく搾れません。手をブラブラさせるなど軽い体操をすると丸いリングができやすくなり、楽に搾乳できるようになります。また親指の付け根の筋肉をほぐすと気持ちよく、指の動きが改善されます。

❶哺乳量のめやす

　さまざまな意見がありますが、生まれたばかりの赤ちゃんに必要な1回あたりの哺乳量は、次がめやすです。

哺乳量＝生後日数（生まれた日を0日として）×10mL

　1日8回、ほぼ3時間ごとの授乳として、生後1週間くらいまでになります。ただし、赤ちゃんの食欲や体重に応じた微調整が必要で、「これだけ飲まないとダメ」というものではありません。

❷分泌量とは

分泌量＝直母量＋それ以外に搾乳できた量

　これが1回の分泌量になります。分泌量はメモして経過を見ていきましょう。そして自分のおっぱいは十分に出ているのか、不足なのか、あなたがどの段階にあるのか確認していきましょう。

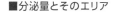

■分泌量とそのエリア

(mL)

出過ぎエリア
哺乳量のめやすの倍以上の分泌がある。

充足エリア
哺乳量のめやすに達し、だいたい赤ちゃんに足りている。

不足エリア
哺乳量のめやすに達しない。

1日　2日　3日　4日　5日　6日　7日

＊7日以降は残乳70mL以上を出過ぎとします。

あるいは多過ぎはしないか、というだいたいの傾向をつかんでください。

6 オッパイを清潔に保ちましょう

①授乳の前は、清浄綿などで乳頭、乳輪部を拭くようすすめられる場合があります。確かにさっと汗を拭いたり、きれいにしてから赤ちゃんに含ませるという習慣はよいと思います。ただし、完全に殺菌できるわけでもありませんし、その必要もありません。拭き過ぎるとかえって保護膜をとってしまい、よくないとする意見もあります。あまり神経質にならず、必要に応じて行いましょう。

②授乳後は乳頭・乳輪部だけでなく、ぬるま湯で湿らせたガーゼやタオルで、母乳や汗などで汚れている乳房も拭きましょう。母乳がついたまま放っておくと、かぶれや湿疹など皮膚のトラブルを起こすこともあります。また、あまりこすり過ぎると、過剰に皮脂がとれ、ひび割れ状態になってかゆくなることもあります。注意しましょう。

③毎日のシャワーや入浴の際は石鹸をよく泡立て、泡をころがすように乳房をやさしく洗ってからシャワーで流します。

④しみ出てくる母乳を受けるパッドやタオルを使用している場合は、こまめに交換し清潔なものを身につけましょう。とくに紙製のパッドは便利ですが、使い方によってはかぶれやトラブルの原因になりますので注意しましょう。

産後1週間までの基本的な授乳スケジュールと対応

1 0日目

　ご出産おめでとうございます。あなたは喜びにつつまれて、この世にひとつの命を送り出されました。大変な大仕事で、さぞお疲れのことでしょう。お産をされたその日は、基本的にはゆっくり休んで疲れをとりましょう。

　でもお産をされた施設の方針が、その日から授乳をするということであれば、1日目に準じた対応をしてください。施設によってちがいますが、赤ちゃんは経過がよければだいたい数時間後には授乳開始となります。

　また、出生直後からお母さんの胸の上に赤ちゃんを抱いてカンガルーケアをしたり、そのまま授乳したりする施設もあります。安全に配慮して無理のないように行っていただくのがよいでしょう。WHO（世界保健機関）では、生後1時間以内に授乳することを推奨しています。

　ただ、分娩直後は母子ともに不安定なものです。お母さんにとっては命さえおびやかしかねない出血状態の観察が必要ですし、赤ちゃんにとっては体温を安定させ、呼吸を確立させることに努めながら異常の有無を観察します。そして問題がある場合は、母子ともに早急な対

応が迫られます。

　もし、出産直後に母子どちらかに問題があり、早期に直後授乳ができなかったとしても、母乳育児が確立できないわけではありません。後のケアが大切です。

2　1日目

　まず授乳の流れを知り、慣れましょう。そして、授乳の前には毎回次のことをしておきます。

- ・髪の長い人は髪をまとめましょう。
- ・石鹸でよく手を洗いましょう。
- ・赤ちゃんの排泄状態を観察しながら、オムツを換えます。
- ・オムツ交換の後は手を洗います。
- ・直母前の体重測定を51ページの要領で行います。

これらがすんだら、次の手順でオッパイケアと授乳をします。

①基底部マッサージ（30ページ参照）からはじめます。通常は、乳房うっ積の予防として３クール行います。ただし、経産婦さんで前回うっ積が軽く、68ページの図の出過ぎエリアに入っていた人は行わないでください。

②むくみのある場合は、むくみをとるための手技を行います（40ページ参照）。

③乳頭圧迫（38ページ参照）を左右５分ずつ行います。ここで十分に圧迫し乳頭・乳輪部を柔らかくして準備することで、トラブルの予防になります。もみずらしは産後にすると、かえってトラブルを起こすことがあるので行いません。

④赤ちゃんに吸わせてみましょう。どんな方法であげてもよいです

が、ウイークポイントがはっきりしている場合は、なるべく避けるように行うのが無難です。赤ちゃんは主に口の上下方向を強く吸うといわれているので、抱き方を考えると、そこを避けることができます。また、赤ちゃんの唇が内側に巻き込まれないよう注意しましょう。

⑤乳首をはずしましょう。まず、オッパイを支えている手の人差し指か親指を、そっと赤ちゃんの口の中へ入れます。こうすると、赤ちゃんの口の中に空気が入り、圧が抜けます。次に、オッパイと赤ちゃん

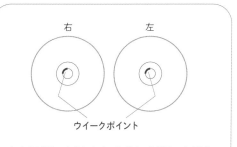

■ウイークポイントを避けた授乳

右　　　　左

ウイークポイント

たとえば図のようなウイークポイントがあった場合、右側は脇飲み、左側は抱き飲みからはじめ、ウイークポイントを避けるとよいでしょう。

を反対の方向へスライドさせます。このような要領ではずすと、無理なく痛くなくはずすことができます。

⑥ゲップを出しましょう。赤ちゃんを前かがみにするとゲップが出やすくなります。お母さんの肩が赤ちゃんを迎えにいく感じで縦に支え、背中を軽くタッピングしてみてください。そのときは決して背中を強くたたかないでください。赤ちゃんにとっては、大人が考えるより相当強い刺激になります。また、沐浴のときに背中を洗うような要領で、ひざの上で前かがみに座らせるようにして、軽く背中をなでたりやさしくタッピングしたりするのもよいでしょう。

⑦直母後の体重を測定し、直母量を計算します。初めのうちは０ｇか２ｇ、マイナスになることもしばしばです。まだまだはじまった

■ゲップの出し方

　ばかりですので、この日はお母さんの練習のつもりくらいでいて
　ください。

⑧哺乳量のめやすを考慮して、必要ならば補充します。直母がそれ
　なりの量として測定できた場合は、それも計算に入れます。

⑨残乳を搾ります。１日目はだいたい、片手搾りの要領で行うとよ
　いでしょう。量もそれほど出ないことが多いので、要領を覚える
　程度で切り上げてよいでしょう。この日の貴重な初乳は、たとえ
　１滴でも哺乳瓶にとっておきたいですね。１滴でも搾れた初乳は
　補充の際にミルクとともに与えれば、赤ちゃんのお腹に収まるこ
　とになります。すぐに飲ませない場合は冷蔵庫で保存し、必ず次
　の授乳には使ってください（106ページ参照）。

⑩乳頭・乳輪部、さらにオッパイ全体をさっと拭きます。

⑪赤ちゃんのオムツを交換し、手を洗います。

⑫直母量、補充量、搾乳量、赤ちゃんの排泄状況をメモします。

　基底部のマッサージから授乳終了まで、長くても１時間以内を目処に
行ってください。以後、授乳のたびにこの手順に準じて進めてみましょう。

■授乳の頻度

・授乳の間隔はだいたい３時間ごと（２〜４時間ごと）と考えてください。泣いたら飲ませるというのもひとつの方法だとは思いますが、赤ちゃんはお腹が空いているから泣くとは限りません。また乳頭が切れたり、血豆ができたりするなどトラブルを起こしやすい人にとっては授乳が大変つらく、ストレスになる場合もあるため、そのような方法は合っていないといえます。

赤ちゃんのお腹の負担を考えると、授乳間隔は最低でも２時間はあけることをおすすめします。また補充の場合でも、最低２時間はあけられるようにしましょう。

・この時期は母体を休ませることも大切です。お母さんは授乳と授乳の間はなるべく休息につとめましょう。

・夜間の授乳は状況次第です。夜間、赤ちゃんを看護スタッフに預けることができたり母子別室のシステムなら、この日はお母さんは体を休めましょう。ただし、もうすでに乳房うっ積がはじまっているような場合は、お休みできないかもしれません。そのような場合のケアについては２日目、３日目のスケジュールを参考にしてください。

■注意したいこと

・乳頭・乳輪部の伸展性が不良気味の場合は、まずはもっとも伸展性のよい方向でトライすることをおすすめします。これは前に説明した要領でつまんでみて、人差し指の第一関節までつまめる方向ということです。

・直母する時間は左右それぞれ１〜３分ぐらいです。赤ちゃんが吸いついてくれると母親としてとてもうれしく、つい長めに吸わせ

たくなりますが、あまり長くなるとトラブルを起こしやすくなるので気をつけましょう。

・痛かったら無理をせず吸わせるのを一旦やめ、もう一度深く入れ直してみてください。抱き方を変えてもよいでしょう。それでも痛いようなら直母は中止し、乳頭の状態をよく見ましょう。とくにおっぱいの分泌が少ない初めのうちは、赤ちゃんも強い圧力で吸ってきます（はずし方は72ページ参照）。

・吸わせなくても触っただけで痛いような場合や、明らかに伸展性などの条件が悪くてどの方向も整っていない場合などは、抱き方の練習をする程度にとどめましょう。直母は母乳を出す絶対条件ではないので、あせらなくてもよいのです。

■不足分の補充について

補充に関しては、いろいろな意見のあるところです。明らかに不足している場合は、赤ちゃんの健康状態が赤信号になる可能性があるため、ある程度の補充が必要と考えます。脱水、発熱、黄疸の悪化などだけでなく、他になんのリスクもない赤ちゃんが、低血糖から脳障害に至った例なども報告されています。体重減少が著しい場合は、とくに注意が必要です。赤ちゃんを健康に育てるために母乳は大切ですが、母乳に固執するあまり肝心な赤ちゃんの健康を損なうことは本末転倒といえます。

現在市販されているミルクは、母乳には劣るものの、大変よく研究されていてすぐれたものになっています。アレルギーが心配な人のために開発されたものもあり、安心して飲ませることができます。ですので、状態に応じて選択してください。

また体重の多い赤ちゃんや食欲の旺盛な赤ちゃんには、めやすより

も少し多めに補充してもよいでしょう。調乳の方法はミルクの缶に説明があるので参考にしてください。

　搾乳しておいた母乳を補充にあてる場合は、湯せん（温かいお湯で瓶ごと温める）して人肌くらいに温めて使用します。一度温めた母乳は１回で使い切るか、もったいないようでも捨ててください。

　補充する際に使用する人工乳首は、専門家に相談してみてください。飲んでいる口の横から多量に漏れ出てきたり、むせたり、時間がかかり過ぎたりする場合は、適切なものでないかもしれません。また補充するのに哺乳瓶を使用するとそれに慣れてしまい、「母乳を飲まなくなるのでは？」という不安を訴えられることがありますが、お母さん側のオッパイの条件が整っていれば、心配いりません（どうしても不安な場合は、小さいカップやスプーンなどを使用する方法もあるので、看護スタッフにご相談ください）。出はじめが遅いタイプのお母さんもいます。無理せず、あきらめずに努力していきましょう。

　哺乳瓶を使用する場合も、赤ちゃんの唇が内側に巻き込まれないよう注意し、深く口の中へ入れて飲ませましょう。

3 　2日目

オッパイの状態が刻々と変化してきます。注意して見ていきましょう。

①哺乳量を測定する場合は、体重測定をしておきます。

②基底部マッサージは通常３クール。うっ積の症状のある人は78ページの「３日目」を参照してください。

③むくみのある場合はむくみをとります。

④乳頭圧迫を３〜５分行います。

⑤直母は、痛みがなければ左右それぞれ３分ずつ、１〜２回にします（１〜２クールと表現します）。乳頭を圧迫すると痛みを感じたり、明らかなトラブルがある場合は抱き方の練習程度にとどめ、直母は中止しましょう。

⑥哺乳量を測定する場合は直母後の赤ちゃんの体重を測定し、計算します。前日よりも少し増えてきている人もいると思いますが、まだまだこれからです。

⑦補充する場合は、搾っておいた母乳にミルクを加えてもよいでしょう。

⑧残乳を搾ります。

　前日と同様に片手搾り、または両手搾りが行いやすい場合は両手で搾ります。

■注意したいこと

・そろそろうっ積がくる場合があります。その前兆として、オッパイが「重くなってきた」「熱くなってきた」などの症状があります。そのようなときは、気持ちがいいと感じるようならオッパイを冷やしてもよいでしょう。また乳輪部などにむくみのある人は、むくみの部分も冷やすようにします。

・帝王切開を受けられた場合も、お母さんの状態に応じて少しずつ基本に準じたケアをしていきます。寝たままの状態でも基底部マッサージはできますし、ベッドの背中を少し起こしてもらえば搾乳や直母もできます。ただ、お腹の傷の痛みや麻酔の影響で頭痛、倦怠感がある場合は、あまり無理をせず看護スタッフに相談してください。

・乳輪のむくみ予防のため、オッパイは下から支え上げ、持ち上が

ったような状態に保ちましょう。タオ
ルを丸めてオッパイの下に当て、タオ
ルごと授乳用のブラジャーやハーフト
ップで支えます。乳帯というベストの
ようなものも昔から販売されていて、
これも根強い人気があります。乳帯も
やはり丸めたタオルを使って、下から
しっかり乳房を支えられます。

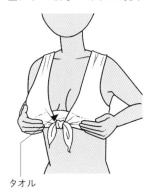

■タオルを丸めて入れた乳帯

タオル

4　3日目

うっ積をうまく乗り切りましょう。

①哺乳量を測定する場合は、体重測定をしておきます。

②基底部マッサージは通常3クール行います。うっ積の強い場合は、
　4～5クールとします。基底部マッサージを行ったあとのオッパ
　イの感じはいかがですか？　軽くなったり、楽になったりする感
　じはありますか？

③むくみのある場合はむくみをとります。

④乳頭圧迫を3～5分行います。うっ積によってオッパイ全体が張
　るために、伸展性が悪くなることがあります。人差し指の第一関
　節までつまめるかどうかを、よく見ながら行いましょう。

⑤直母は、痛みがなければ左右それぞれ3～5分ずつ、1クール行
　います。ただし、分泌量がだいたい充足エリア以上にある場合は、
　痛みに気をつけて2クールまでOKです。うっ積による伸展性不
　良のため先飲みになりやすいので、なるべく条件のよい方向で行

ってみましょう。その場合、飲ませて痛いようなら無理はせず、直母を中止してください。また、分泌もよくてオッパイが張っている場合は先搾りを行い、十分な伸展性が得られてから直母してみましょう。

⑥哺乳量を測定する場合は、直母後の赤ちゃんの体重を測定し、計算します。少しずつ直母量が増加していますか？

⑦そろそろ赤ちゃんの黄疸が出てくるころです。直母量が少ない場合は、十分に補充しましょう。

⑧後搾りをしておきます。この時期は、うっ積による張りのためオッパイが敏感になっていますので、痛くないようにゆっくりと搾乳しましょう。分泌がよい場合や直母を中止している場合は、効率のよい両手搾りをおすすめします。

うっ積や乳頭・乳輪部のむくみへの対応については、119～120ページを参照してください。

5 4日目

オッパイの状態が少しずつ落ち着いてきます。授乳を軌道に乗せましょう。

①哺乳量を測定する場合は、体重測定をしておきます。

②基底部マッサージのめやすは次の通りです。

分泌が不足エリアの場合：3～5クール。

分泌が充足エリアの場合：確認程度で1クール。

分泌が出過ぎエリアの場合：行いません。

分泌量のエリアについては、68ページ参照。

③むくみのある場合は、むくみをとります。

④乳頭圧迫のめやすは次の通りです。

　不足エリアの場合：３分ぐらいは十分に。

　充足、出過ぎエリアの場合：射乳反射が起こるまで。30秒〜１分
　程度。

⑤必要なら先搾りをしてください。

　分泌がよくなったためにオッパイが張り、伸展性が悪くなってい
　る場合は、人差し指の第一関節までつまめるくらいに（柔らかく
　なるところまで）先搾りを行うとよいでしょう。

⑥直母しましょう。

　不足エリアの場合：３〜５分、１クール。

　充足、出過ぎエリアの場合：３〜５分、１〜２クール。

　分泌のよい場合でもトラブル予防のため、続けて吸わせる時間は
　５〜６分を限度としましょう。分泌がよいと短時間で足りること
　も考えられます。赤ちゃんが途中で飲まなくなったら、その時点
　で一度哺乳量を測ってみましょう。

　２クール直母する場合は、たとえば１クール目は抱き飲み、２ク
　ール目は脇飲みというように方向を変えて飲ませると、まんべん
　なく飲ませていくことができます。

⑦哺乳量を測定する場合は、直母後の体重を測り計算します。

⑧足りない場合は、補充します。直母と搾乳でだいたい足りる（充
　足エリアに入ってくる）人も増えていると思います。

⑨残乳の確認を忘れずに行いましょう。オッパイをもまないように
　指先で少し押しながら触って、他の部分より硬めに感じるところ
　があったり、明らかに残っている感じがあれば後搾りをしましょ

う。搾り過ぎを防ぐために両手搾りがおすすめです。飲み残して
いると思われる部分のみ片手で痛くない程度に圧迫し、確認しな
がら行いましょう。

このころからうっ積が起こりはじめた場合は、2日目や3日目のス
ケジュールと注意に準じて対応しましょう。不足エリアの人もそれな
りに分泌が増えているはずです。まだまだこれからですので、あきら
めずに続けましょう。

6 ｜ 5〜7日目

オッパイの状態に合わせ、授乳のリズムをつかんでください。哺乳
量のめやすは次の通りです。

- ・5日目：1回につき　50〜60mL ぐらい。
- ・6日目：1回につき　60〜70mL ぐらい。
- ・7日目以降：1回につき　70〜80mL ぐらい。

❶不足エリアの場合
　①哺乳量を測定する場合は、体重測定をしておきます。
　②基底部マッサージ：必ずしもこのタイミングで行わなくても構いま
　　せん。3〜5クール行ううち、基底部を動かすことでポトポトとた
　　くさんのおっぱいが滴ってくる場合は、授乳前ではなく後搾りの前
　　などに行うようにしてもよいでしょう。または、授乳前に1クール、
　　後搾り前に2クールというように分けて行っても構いません。
　③むくみのある場合はむくみをとります。
　④乳頭圧迫：2〜3分。

⑤必要なら先搾りをします。

⑥直母：3〜5分、1クール。痛くなければ短めにもう1クール。

⑦直母後の赤ちゃんの体重を測り、哺乳量を計算します。

⑧直母の割合が増えてきている場合は、補充する量が少なくなっていると思いますが、赤ちゃんの状態によって加減してください。

⑨後搾りは、授乳全体が40分〜1時間で終われる範囲の中で行いましょう。乳頭圧迫を行いながら搾ると、新たな反射によりなにもしないのにポトポトとおっぱいが滴ってくる状態になりやすく搾りやすくなります。またそれがきっかけとなり、分泌の増加が期待できます。でも無理は禁物、がんばり過ぎないでくださいね。

❷充足エリアの場合

①哺乳量を測定する場合は、体重測定をしておきます。

②むくみのある場合はむくみをとります。

③乳頭圧迫は、乳頭の緊張感がとれ、射乳反射が起こるまで1分程度。

④必要なら先搾りをします。

⑤直母：3〜5分、1〜2クール。

⑥直母後の赤ちゃんの体重を測り、哺乳量を計算します。

⑦直母で足りない場合は、前回の搾乳を補充します。

⑧基底部マッサージ：確認程度で1クール。

⑨後搾りは、まずオッパイを片手で支え、もう一方の手で触ってみて飲み残しがないか確認します。少し硬く触れるところは飲み残しの可能性があるので、その部分は痛くないように圧を加えながら、両手搾りで処理しましょう。この時期はまだうっ積が残っている場合があり、硬く触れる部分はおっぱいがたまっているのではなく、うっ血が残っていることも考えられます。その場合は後

搾りの後に基底部マッサージを１クール程度行うと楽になる感じ
があります。

❸出過ぎエリアの場合
　①哺乳量を測定する場合は、体重測定をしておきます。
　②むくみのある場合はむくみをとります。
　③乳頭圧迫は、乳頭の緊張感がとれ、射乳反射が起こるまで30秒〜
　　１分程度。
　④必要なら先搾りをします。十分な伸展性が得られる程度まででよ
　　いでしょう。
　⑤基底部マッサージは行いません。
　⑥直母：３〜５分、１〜２クール。短時間ですむことも多いので、途
　　中で飲まなくなったらその時点で一度、哺乳量を測ってみましょう。
　⑦直母後の赤ちゃんの体重を測り、哺乳量を計算します。
　⑧直母で足りない場合は、前回の搾乳を補充します。
　⑨残乳を確認します。後搾りが必要でしたら両手搾りで行います。
　　硬いところがだいたいなくなり「楽になった」と感じるところで
　　中止してください。搾り過ぎは、ますます出過ぎになります。搾
　　り終えたら必ずその量を見て、捨てる量が増えていないか注意し
　　てください（分泌が多過ぎる場合の対応は、124〜125ページ参照）。

　この時期に退院になることが多いと思います。どのエリアの人も分
泌量はだんだん増加してきます。とくに直母が中心の人は直母前後の
オッパイの感覚を覚え、およそのくらい飲めているのか「カン」を
養っておくと、退院後もある程度のめやすになるでしょう。

産後1週間からの
授乳スケジュールと
オッパイの変化

1 産後1～2週間

　帝王切開の人も含め、ほとんどの人がご自宅やご実家でお過ごしのことと思います。新しい家族を迎えて、楽しくも大変な生活がはじまりましたね。小さな赤ちゃんに大人たちがふりまわされて、右往左往……。でもお母さんは自分の意志を持って、また自信を持って育児をしてください。

❶授乳間隔

　昼も夜もだいたい3時間ごと（2～4時間ごと）をめやすに考えます。

❷哺乳量のめやす

　1回あたりの哺乳量はかなり個人差があります。入院中とちがって哺乳量を測れないことが多いと思いますが、退院直前の状態を参考にしてみてください。そして、だいたい2～4時間ごとの授乳になるように与えてください。またこの時期から、急に母乳の分泌がよくなることがあります。母乳が十分に出て直母量が増えれば、混合だった場合も当然、補充するミルクの量は減ってくるでしょう。そうなれば母

乳を中心に考え、赤ちゃんの様子を見て、足りなさそうなときだけミルクを補充すればよいでしょう。

❸授乳スケジュール

■おっぱいの分泌が充足エリア以上の場合

①乳頭圧迫：軽く緊張感がとれ、射乳反射（ポトポトおっぱいが滴ってくる状態）がくる程度。30秒〜1分くらい。

②必要時の先搾り：おっぱいが張ってパンパンになっている場合は、人差し指の第一関節までつまめるまで。飲みはじめに赤ちゃんがむせて浅飲みになりやすい場合は、最初の一気に出るのをおさえる程度（5〜10mLくらい）。

③直母：だいたい5分、1〜2クール。

・トラブル予防のため一度に続けて吸わせる時間は、だいたい5〜6分くらいが限度と考えます。

・片方を直母すると、反対側に変えようとしても嫌がったりして飲まなくなる赤ちゃんがいます。そういう場合は片方だけを少し長めに吸わせることもありますが、くれぐれも痛みがないか気をつけてください。

・トラブルがない限り、できるだけ両方のオッパイを均等に飲ませていきましょう。

④補充：必要なら前回の搾乳を温めて飲ませます。

⑤基底部マッサージ

・充足エリアの場合：分泌維持のため、確認程度に1クール。

・出過ぎエリアの場合：行いません。

⑥後搾り

片手でオッパイを支え、もう片方の手の指先でとくに飲んでいない

方向を中心に残乳を確認します。そして、少し硬く触れるところがあれば、そこだけを両手搾りでポイント処理してください。出過ぎエリアの場合は、とくにその量も確認しましょう。搾乳を次回の補充として使う場合はただちに冷蔵庫に保管し、次の授乳で使い切るか処分してください。

　とくに残っている感じがなければ、後搾りは必要ありません。

■おっぱいの分泌が不足エリアの場合
　①乳頭圧迫：軽く緊張感がとれ、射乳反射（ポトポトおっぱいが滴ってくる状態）がくる程度。30秒～1分くらい。
　②必要時の先搾り
　③直母：3～5分、1～2クール程度。
　④補充：前述の哺乳量のめやす（68ページ）を参考にしてください。
　⑤基底部マッサージ：3～5クール。この時期になると、オッパイそのものに直接力が加わっても痛くないことが多いので、ガードをせずに、両方同時にオッパイを動かしていく変法でもよいでしょう（87ページ参照）。
　⑥後搾り

　充足エリアの方法に準じて行います。すでに硬いところがなくても、乳頭圧迫を行って刺激しながら搾乳することでアクセルのケアとなり、さらに分泌が促されるようになります。授乳全体が40分～1時間以内で終われる範囲で、できるだけ後搾りを行っていきましょう。基底部マッサージを行いながらでもよいでしょう。夜間などで疲労が強い場合は、ほどほどにして切り上げましょう。お母さんの体を休めることも大切です。

■基底部マッサージ（変法）

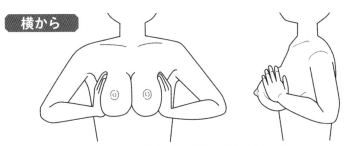

横から

オッパイを中心へ寄せるように動かします。

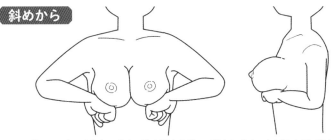

斜めから

ゲンコツをつくりオッパイの斜め下から当て、斜めにすくい上げるように動かします。

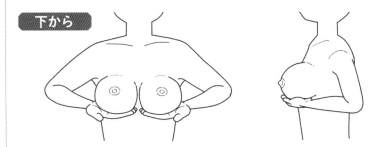

下から

両方の手のひらをオッパイの下から当て、上のほうへすくい上げるように動かします。

　各10〜15回大きくゆっくり行えば、短時間に基底部マッサージを3〜5クール行ったことと同じ効果が期待できます。まだ痛みを感じるようなら、ガードする方法を行ってください（31〜34ページ参照）。

その他気になること

- 赤ちゃんと一緒に退院できなかった場合は、時間ごとに搾乳をすることになります。昼間はだいたい3時間ごとに搾乳しましょう。夜間もできれば3時間ごとに搾乳したほうがよいと思いますが、少なくともオッパイが張って目が覚めたら、必ず搾るようにしましょう。乳頭圧迫を行って刺激しながら、効率のよい両手搾りで行います。ある程度搾乳してオッパイの圧が下がったところで基底部マッサージを行い、また搾乳してもよいでしょう。痛くなければ搾乳器を使用してもよいでしょう。

- このころの赤ちゃんは皮脂の分泌が多く、ケアが不十分だと赤ちゃんの顔や頭皮などに湿疹ができます。湿疹は石鹸でよく洗い、清潔にしていくことでほとんどよくなります。
  湿疹などを見て、母乳の質が悪いとか、お母さんが口にしている食べ物が悪いという人もいますが、常識的な食事をしていれば母乳の質が悪くなることはありません。それよりも、赤ちゃんへの清潔なケア、衣服や環境の調節に配慮しましょう。

- 赤ちゃんの黄疸の状態はいかがでしょうか。母乳中心の場合、黄疸が長引くことがあります。基本的には心配いりませんが、黄色味が強くなったり、元気がなくなったり、おっぱいの飲みが悪くなるようなら、早めに診察を受けましょう。場合によっては2〜3日母乳を中止し、ミルクに切り替えて経過を見ます。その場合は授乳時間のたびに搾乳し、母乳バッグに冷凍することもできます（冷凍母乳については106〜107ページ参照）。

❶授乳間隔と哺乳量のめやす

産後1週間までに準じます。

赤ちゃんの発育は、次の状態ならばまずは心配いりません。

・だいたい2〜4時間ごとの授乳間隔で、おっぱいやミルクをよく
　飲む。

・赤ちゃんのほっぺに肉がついてきている。

・ウンチやおしっこがよく出ている。

生後2週間くらいで体重測定を行うことができると、さらによくわかります。体重を測る機会があったら、退院してからそれまでの体重が、1日あたりどのくらい増加しているかを計算してみましょう。

1日あたりの体重増加（以下、日増といいます）は、次の計算式で計算できます。体重測定が行えた場合は、次のように方針を立ててみましょう。

$$\frac{測定した日の体重 — 退院時の体重（母子手帳に記入してあります）}{退院してから測定した日までの日数}$$

■日増20〜30g

発育順調です。この調子でOK。自信を持ってそれまでの授乳法を続けてください。

■日増30g以上

発育順調です。混合栄養の場合は、これからはミルクが必要なくなってくる可能性があります。ミルクの補充は必要ならば夜だけとし、

昼間は母乳のみでほぼ2～4時間ごとという方法でもよいかもしれません。また夜間の授乳がなくなっていることもありますが、オムツ交換をしても赤ちゃんが起きない場合は、無理に起こしてまで飲ませる必要はありません。その間は、オッパイが張ってきたらだいたい楽になるところまで搾乳してください。

■日増20g 以下（15g でよいとする意見もあります）

この時期は、十分に飲ませていても体重の増加が思わしくないこともありますが、きちんと飲ませていれば、これから必ず増加していきます。赤ちゃんも哺乳意欲があり活気があるようなら、心配せず経過を見ましょう。また夜間もできるだけ、3～4時間おきには授乳するよう心がけましょう。

- 母乳の分泌が増加してくる時期です。そのために、産後早期とはまたちがったトラブルを起こしてくる可能性があります（96ページ参照）。
- 1回ごとの授乳スケジュールは産後1～2週間のところに準じて（84ページ参照）、発育状態（日増）によって回数を調整してください。

3 産後1〜3カ月

❶1カ月健診をむかえて

　1カ月健診では赤ちゃんの発育が順調かどうか、お母さんの産後の復帰状態がよいかどうかをみていきます。赤ちゃんは必ず体重測定がありますので、2週目（84ページ参照）と同様に日増を計算してみて、今後の方針を検討しましょう。そのとき大切なことは、生まれた時点からどのくらい増えたかということよりも、退院時から（あるいは退院から1週間くらいしたところから）どのくらい増加したかということです。生まれてから数日は、生理的体重減少といって、どの赤ちゃんも一時的に体重が減ることが多いので、あまり参考になりません。退院時から計算したほうが、その後のお母さんの授乳法が適切だったかどうかを正しく判定できるでしょう。

❷授乳間隔と哺乳量のめやす

　「産後2週間〜1カ月」の授乳と同じに考えていただけばよいのですが、発育状態や赤ちゃんのようすによって次のように調整します。

■日増20〜30g

　順調に発育しているといえます。この調子でよいでしょう。あえて哺乳量を増やす必要はありませんが、赤ちゃんがほしがっているようなら、今までよりも少し多めに与えても構いません。

■日増30g 以上

　発育はとても順調です。この調子でOK。夜間の授乳は、赤ちゃんを無理に起こしてまで飲ませる必要はありません。

■日増20g 以下（15g でよいとする意見もあります）

　初めは体重増加がゆっくりで特別な異常のないこともありますが、一応、1カ月健診から1週間後くらいに再度体重測定を行うなど、産院や地域の助産院などでフォローアップしてもらいましょう。授乳は2〜4時間の間隔で十分に飲ませ、夜間もできるだけ起こして飲ませましょう。

> **まとめ**
> ●昼間は2〜4時間ごと
> ●夜間は、発育が順調なら赤ちゃんのようす次第で

❸オッパイの変化と母乳不足

　このころになると、2〜3時間の間隔ではオッパイの張りを感じなくなる人がいます。これは、おっぱいの分泌が少なくなったのではなく、ほとんどの場合、出かたが変化したからです。それまで24時間体制でおっぱいをつくっていた工場が、赤ちゃんが吸ったことや乳頭圧迫により、乳頭に刺激を受けたときにつくるという受注生産体制に変わるからです。

　「張らない＝出ない」と考えがちですが、実際に直母測定してみると本人もビックリ！　というくらい、たくさん飲めていることが多いのです。早い人はもうこのころから、ほとんどの人が3カ月ごろまでに、そのような分泌パターンに変わるのです。でも中にはいろいろな理由で、本当におっぱいの分泌が少なくなることもあります。

■分泌不足かどうかの見分け方

　・いつまでも飲みたがる。次の授乳までの間隔が2時間を大幅に割る。

・おしっこ、ウンチの出が少ない（おしっこは最低でも5回／日、ウンチは1回／日）。

・飲ませていても、射乳反射がきているツーンとする感じがない。

　明らかに足りない場合は不足エリアとして対応し、アクセルのケア（産後1～2週間までの授乳スケジュール、85ページ参照）を行ったり、適度の補充を考えますが、一度信頼できる専門家に相談してみましょう。

■乳児身体発育曲線の利用

　赤ちゃんの体重測定の機会があったら、母子手帳の乳児身体発育曲線のページに記録してみましょう（94～95ページ）。曲線の帯の中に94％の赤ちゃんの値が入り、乳幼児の発育は個人差が大きいのですが、発育の一応のめやすとすることができます。その曲線に沿って増えていれば、その子なりに順調な発育をしているとみなすことができ、それを確認することがお母さんの安心にもつながります。

❹遊び飲み

　2カ月を過ぎたころから赤ちゃんの遊び飲みがはじまり、哺乳に集中しなくなることがあります。このころの赤ちゃんは、ある程度お腹が充たされると、お母さんのオッパイはおもちゃになり、乳首を舌でちゅぱちゅぱして遊んだり、乳首をくわえて引っぱったり、急に顔の向きを変えたりします。そんな行為の中で、時折にっこり笑ったりすることもあると、お母さんにとっては赤ちゃんがますます可愛く思え、その時間は至福のひとときであることは間違いないでしょう。

　でもその一方では、浅飲みになってしまうことも多く、後述の乳口部水疱などのトラブルの発生と関係があることも指摘されているので、そのことも頭の片隅に置いておきましょう。飲みはじめてから最初の

■乳児身体発育曲線：男児（平成22年調査）

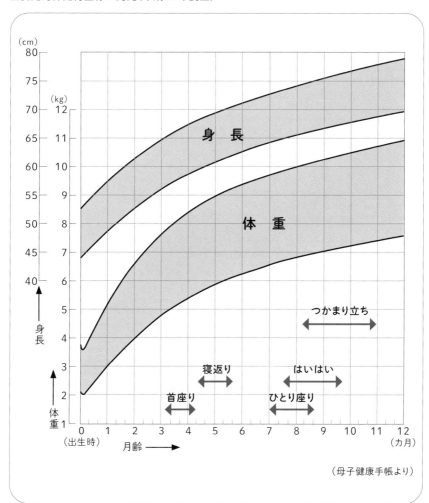

（母子健康手帳より）

■乳児身体発育曲線：女児(平成22年調査)

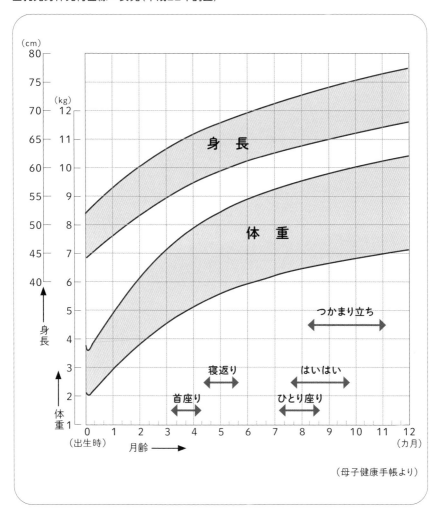

（母子健康手帳より）

数分でお腹が充たされていることも多いので、20〜30分も誘ってみて、飲まなかったらいったん切り上げて、次回の授乳を少し早めに行うようにするのもよいでしょう。

❺哺乳量の減少

2〜3カ月ごろに、母乳やミルクをあまり飲まなくなることがあります。これは赤ちゃんが、自分で飲む量を調節することができるようになったためと考えられます。元気で機嫌がよければまず心配いりません。無理強いはせず、授乳時間は飲んでも飲まなくても20〜30分以内としましょう。気になるようなら発育曲線を確認してみましょう。

❻注意したいトラブルと予防

夜間の授乳の間隔が6時間も7時間もあくようになると、朝起きたとき、オッパイがパンパンに張っていることがあります。そのような状態でおっぱいを飲ませると、赤ちゃんは壁を吸っているようなもので、浅飲みしかできません。そういう場合、乳頭に負担がかかって乳口部に水疱ができ、そこから母乳が出ないのでオッパイにしこりができます。**乳口部水疱**（134ページ参照）と呼ばれるものです。

そして、気づかずに直母を続けるとその水疱が破れ、一時的にしこりはなくなるものの、水疱の破れたところから細菌感染を起こして乳頭の先端に白いものができ、痛くて直母がつらい状態になります。これが**乳口炎**（135ページ参照）です。

予防としてはまず、直母する前に乳頭圧迫をしながら伸展性を確認します。もし人差し指の第一関節までつまめないほどパンパンに張っているようなら、片手搾りで少し先搾りを行いましょう。その状態から直母すると、赤ちゃんは乳頭を深くくわえることができ、浅飲みを

防ぐことができます。また赤ちゃんの姿勢や向き癖も原因になることがありますので、普段から抱き方や寝かせ方など注意しましょう。『新版　おなかにいるときからはじめるべびぃケア』（合同出版、2018年）に詳しく掲載されていますので、ぜひ参考にしてください。

　その他に多くなるのが、**乳腺炎、乳栓**などのトラブルです（138～140ページ参照）。乳腺炎にはいろいろな種類がありますが、おっぱい工場が細菌感染し炎症を起こした状態で、オッパイが痛くて熱を持ったり、全身が発熱したりします。乳栓とは母乳の中の成分がチーズ状のかたまりになって、おっぱいが流れてくるルートのどこかに詰まり、オッパイにしこりができるトラブルです。

　この時期、順調に授乳できている人はもう毎回、後搾りの必要はありません。しかしこの類のトラブルは、おっぱいが「よどむ」ことで起きやすいので、飲み残しの有無は毎回必ず確認してください。そして飲み残した部分があれば、両手搾りでポイント処理を行います。それにはたいして時間はかかりません。

　これらのトラブルや詳しい対応については、**134ページ以降**をご覧ください。

❼スプーンの練習方法

　スプーンに慣れる練習をしてみましょう。湯冷ましや番茶、ときには搾乳した母乳などを与えます。ティースプーンで最初はひとさじから与えてください。スプーンはきれいに洗って、乾燥させておいたものを使用します。

　赤ちゃんの機嫌がよく、受け入れのよさそうなときをねらってみましょう。おふろの後など、のどが渇いているときがよいかもしれません。スプーンを舌先にのせるようにし、あまり深く入れないようにす

るのがうまくいくコツです。赤ちゃんが喜んで飲むようなら、少しずつ増やしてもよいでしょう。増やす量にも個人差がありますが、授乳に支障のない程度と考えてください。また、上手に飲めない、吐き出してしまうことがあっても心配はいりません。

❽その他のトレーニング

　スプーンで少し飲めるようになったら、次にコップにもトライしてみましょう。最初は杯や哺乳瓶のキャップなどが利用しやすいです。コップの要領で少しずつ与えてみましょう。

　また、とくに直母だけになっている場合、お茶などを飲ませるときにトレーニングとして哺乳瓶を使うのも悪くありません。こういう場合の人工乳首は、使えるものならなんでもよいでしょう。

　一方、ストローでトレーニングする方法もあります。最初は大人と同じようには使えませんが、ストローで赤ちゃんの口の中にお茶などを少量ずつ流し込むことをくり返すうち、少しずつ吸うことができるようになります。ストローが使えると外出先などで便利です。

　このように直母以外にも水分や栄養がとれる手段があると、この先きっと心強いことでしょう。

❾離乳食開始に向けて

　離乳食に関しては、厚生労働省のサイトをはじめとした各サイトやよい指導書がたくさん出ています。個人差が大きいのでマニュアル通りではなく、赤ちゃんの様子を見て、その子に合った時期・方法で進めましょう。

　お母さんにしていただきたいことは、食べることに対する興味を引き出すこと、また食べることの楽しさを伝えることです。それは、と

ても簡単なことです。家族一緒においしそうに楽しく食事をしている
ところに、赤ちゃんも入れてあげてください。温かく楽しい団らんの
中で赤ちゃんはきっと、「食べる」ことは楽しいこと、うれしいこと
なのだと興味を持ってくるでしょう。そのうち食べているところをじ
っと見つめる、よだれをたらすとなれば GO サインと考え、少しず
つ与えはじめましょう。「離乳食ってどうやっていけばいいのか……」
と初めて育児を経験される人は不安なこともあるかもしれませんが、
離乳食は学問ではありません。赤ちゃんの様子を見ながら楽しんで進
めましょう。

⑩お母さんの生活

　お母さんは1カ月健診で経過良好な場合、生活を少しずつ元に戻し
てよいということになります。この時期に実家から自宅へ戻られるこ
とも多いと思いますが、育児を含めた自分なりの生活のペースをつく
っていきましょう。体調やライフスタイルにも個人差があるものです。
くれぐれも無理をしないでください。

　また、夫婦生活も元通りにしてよいという意味もあるので、そうな
ると次の妊娠ということにも目を向けていく必要があります。母乳育
児をしている人は妊娠しないとよくいわれていますが、そうとも限り
ません。次回の妊娠について、それまでのコントロールについて、ま
た望まない妊娠をしないように夫婦間でよく話し合いましょう。家族
計画や避妊相談はお産をした病院などでも機会があると思いますし、
チャットで相談できるサイトもあります。また地域の助産師、保健師
なども相談にのってくれるでしょう。ぜひご利用ください。

　この時期になると、授乳時間がだいたい決まってくるようになります。赤ちゃんには、生後5〜6カ月から授乳のうち1回を離乳食と決めて、毎日ほぼ決まった時間に与えるようにします。

　離乳食の進め方と授乳のめやすは、以下を参考にしてください。

①離乳食づくりは大変なように思えますが、難しいものではありません。実は大人の食事の一部を取り分けてすりつぶしたり、ドロドロにしたり、細かくしたりして少し味を薄くして与えればよいのです。まずは、おかゆや加熱した野菜などを上記のような状態で食べさせてみて、喜んで受け入れるようなら少しずつ進めてみます。市販のベビーフードも大変よく研究されてつくられています。必要に応じて上手に利用してください。食べる量もかなり個人差がありますが、嘔吐や下痢をしなければ OK と考えてください。

②離乳食の味つけは、薄味にします。大人が食べてちょうどよいようでは濃過ぎます。塩分の強いものは赤ちゃんの内臓、とくに腎臓に負担がかかり、偏食の原因にもなるといわれています。また将来、高血圧や心臓病など生活習慣病の原因にもなることを考えると、赤ちゃんのころから薄味に慣らしていくことが将来の健康にもつながります。

③赤ちゃんのうちはむしろ、母乳やミルクからの栄養分が大切です。したがって離乳開始が少し遅れたり、途中で足踏みすることがあっても、心配はいりません。

④アレルギーが心配な場合、とくに三大アレルゲンといわれる卵、牛乳、小麦を含むものに気をつけましょう。少量から与えてみて、赤

ちゃんの様子を観察しましょう。アレルギーの症状でもとくに目に
つくのは、じんましん、湿疹、かゆみがひどくなるなど皮膚の変化
です。その他、嘔吐や下痢、喘息の症状が出ることもあります。そ
のような場合は、必ず専門の医師に相談しアドバイスを受けましょ
う。

⑤離乳食の回数を増やす時期は、下の表の時期をめやすに、1回あた
りの離乳食の量が増えてきたら回数を増やしてみましょう。下痢を
せず赤ちゃんの調子がよければそのままで進め、調子が悪いような
ら元のペースに戻します。

⑥離乳食と離乳食の間は最低4時間あけます。

⑦離乳食を進めながらコップやストロー、マグマグ® など他の食器を
使えるようにトレーニングすることを考えていきましょう。母乳や
ミルクはまだ必要ですが、離乳食が進めばその役割は変わっていき
ます。そして「おっぱい卒業」へと進んでいくのです。

■離乳食の進め方とめやす

時　期	回　数	形　状
5〜6カ月（初期）	1〜2回	ドロドロ　ベタベタ
7〜8カ月（中期）	2回	舌でつぶせる固さ
9〜11カ月（後期）	3回	歯ぐきでつぶせる固さ
12〜18カ月（完了期）	3回	歯ぐきでかめる固さ

＊離乳食後やその他の授乳は赤ちゃんの要求に応じて与えます

POINT 04

乳頭保護器と搾乳器

1 乳頭保護器

　乳頭・乳輪部の形や伸展性などの条件が整っていなくて、赤ちゃんがうまく乳首を吸えない場合に、乳頭保護器を使うことがあります。場合によっては保護器の使用がきっかけになり、直母がうまくいくこともあります。

　ただし、乳頭保護器を使用してオッパイを吸わせることは、直母や手で行う搾乳などと少しちがって、保護器の先を赤ちゃんに吸わせることにより、その陰圧で母乳を吸い出すということです。そのため乳頭・乳輪部への負担が大きく、使用にあたっては十分に注意が必要です。

■乳頭保護器使用にあたっての注意
　①乳頭圧迫が十分に行われること。
　②おっぱいの分泌が充足エリア以上あること。
　③乳頭・乳輪部にトラブルやむくみがないこと。
　④使用してみて痛くないこと。

■メデラの乳頭保護器
　「コンタクトニップルシールド」

©メデラ株式会社

このような条件が全部そろうことが必要となります。ひとつでも条件に満たない場合は、使用しないほうが無難です。また乳頭保護器を使用していても、条件が整い直接飲ませられるようオッパイのケアは続けましょう。

2 　搾乳器

　搾乳は、手で行うほうがオッパイそのものへの負担が少ないと思われます。たとえばトラブルを避けたい、ポイントだけ搾りたい、力を調節したい、などがある場合、微妙な調節ができるからです。

　一方、搾乳器は主に吸引圧だけで母乳を出すものもあり、手搾りと異なり力の調節が難しく、痛みを感じることがあります。トラブルを起こしたり悪化させたりしないように注意が必要です。

　しかし、赤ちゃんがNICUに入院するなど長期間の搾乳が必要となったり、手指の腱しょう炎などで安静が必要だったり、搾乳中心の授乳になっている場合は、使用することもあります。また陥没乳頭で、手での搾乳を中心に行いながら搾乳器も痛くない程度に使用したところ、乳頭が突出しやすくなったケースもありました（とはいえ、陥没乳頭は妊娠中のケアが大切です）。

　搾乳器には、手動式と電動式があります。どちらにしても、以前とは比べものにならないくらいに改善されていますので、痛くなければ必要に応じて使用してもよいでしょう。病院仕様の電動式搾乳器をレンタルして、自宅で使用できるものもあります。

■搾乳器使用にあたっての注意

①乳頭・乳輪部にトラブルやむくみがないこと。

②乳房うっ積や乳腺炎などの乳房トラブルがないこと。

③使ってみて痛くないこと。

　以上の条件が必要と考えられます。乳頭保護器と同様に、よく注意して使いましょう。また搾乳器で搾った後は、残乳の有無や位置をよく確認し、その部分は両手搾りでポイント処理してください（手での搾乳でしかできません。）。

器具の消毒

1 清潔に保つ方法

　生まれたばかりの赤ちゃんは雑菌に対する抵抗力が弱く、哺乳瓶や乳首など、器具の消毒が必要です。厚生労働省は、離乳食を開始する6カ月くらいまでは消毒を行うよう推奨しています。ただし、それ以降でも母乳を冷蔵や冷凍して保存する場合などは、搾乳に必要な器具を消毒してから使用したほうが安心です。

　消毒に使用する器具、薬品の説明をよく読んで取り扱いましょう。

　また、授乳や搾乳をする前には必ず石鹸で手洗いをし、清潔な手で取り扱うことがなによりも大切です。

母乳の保存と温め方

1 搾乳した母乳を冷蔵庫で保存する

　搾乳したものを次の授乳に使用する場合は、搾乳した哺乳瓶にキャップをして冷蔵庫に保存すれば十分です。5℃以下なら、約12時間は保存可能といわれています。ただし家庭の冷蔵庫は開閉も多く、条件も一定ではないので、なるべく次の授乳（3～6時間以内）で使い切ったほうが無難でしょう。

　冷蔵保存した搾乳を温める場合は、40～50℃くらいのお湯で徐々に温め、40℃くらい（人肌よりも少し温かく感じる温度）になったところで赤ちゃんに飲ませてあげましょう。

2 搾乳した母乳を冷凍庫で保存する

　いろいろな理由で入院が長引いている赤ちゃんに母乳を届けたり、働きながら母乳を続ける場合にも便利な方法で、専用のパックが市販されています。詳しい使用方法は説明書に明記されていますので、必ずよく読んでから使用しましょう。

　母乳は約3週間の冷凍保存が可能で、免疫体や成分もほとんど変化しないため、冷凍保存した母乳を与えても問題ありません。ただ母乳は赤ちゃんの成長に応じて、免疫体や成分が赤ちゃんに最適なように

少しずつ変化していくため、１週間以内に使用するのが望ましいとされています。

　冷凍した母乳の解凍は、まず自然解凍や常温水により徐々に行うことが一般的です。その際はボールなどに水道水をいっぱい入れ、その中に冷凍母乳をパックのまま入れて、水を２～３回換えて解かすなどの方法があります。その後、冷蔵庫で保存した場合と同じ要領で温めます。

■母乳を保存・解凍・温めるときの注意

　①搾乳する前には、石鹸でよく手を洗いましょう。

　②搾乳に必要な器具は、消毒したものを使用しましょう。

　③保存した母乳を温めるのに電子レンジや熱湯を使用すると、母乳中の免疫物質が破壊される恐れがありますので、使用しないでください。40～50℃のお湯で徐々に温めます。

　④一度解凍したり、温めた母乳は、再冷蔵、再冷凍せずに思い切って捨ててください。

　⑤保存した母乳を持ち運ぶ場合は、氷や保冷剤をたっぷり入れたアイスボックスなどを利用しましょう。

その他の授乳 Q&A

Q1 自分も寝たままおっぱいを飲ませる、いわゆる「添い乳」をしてもよいでしょうか？

A 寝たままオッパイを飲ませるのは、楽というお母さんもいますし、冬場などは寒い思いをしなくてすむかも知れませんね。ただ、気をつけていないと赤ちゃんの窒息が心配です。また、含ませ方が浅くなったり、赤ちゃんの口にオッパイがまっすぐに入っていない状態で授乳してしまう可能性があり、オッパイトラブルの原因になる場合もあります。「添い乳」をするときには、赤ちゃんの安全に配慮しつつオッパイが常に深くまっすぐに赤ちゃんの口に含まれているように注意して授乳しましょう。赤ちゃんの姿勢もねじれのないよう注意するとともに、左右交互に向かせるようにし、向き癖をつけないようにすることも大切です。また、お母さんも枕やクッションなど使用し、楽な体勢を工夫しましょう。

Q2 産後1カ月になります。これまで自分なりにがんばってオッパイケアをしてきましたが、母乳が足りず混合栄養をしています。自分としては少ない量でも母乳を飲ませたいと思っているのですが、それは無駄なことなのでしょうか？　また、これ以上母乳の量が増えることは、もうないのでしょうか？

A もうしばらく、あきらめずに母乳を出すケアを続けていきましょう。産後1カ月以降に母乳の分泌がよくなる人もいますし、たとえ足らなくても決して無駄なことではありません。体質的に母乳の分泌が少ない人でも、その母乳中には免疫物質が凝縮されているといわれています。目には見えなくても、お母さんの愛情とがんばりは、ちゃ

んと赤ちゃんに伝わっています。また混合栄養は面倒な面もありますが、ミルクが飲めることでお母さん以外の家族が授乳や育児に参加しやすいというメリットもあります。混合栄養のよさも最大限に生かしつつ、自信を持って母乳育児を続けていきましょう。

Q3 生後２カ月半ごろから遊び飲みがはじまりました。集中しておっぱいを飲んでいない気がするのですが、足りているのでしょうか？また、気をつけることがありますか？

A このころの赤ちゃんは、飲みはじめの数分でお腹を満たしていることが多く、あとはお母さんとのスキンシップを楽しんでいるようです。一見飲みが少ないようでも、次の授乳までに２時間くらい間隔があくようなら、まずは大丈夫でしょう。気になるようなら発育曲線（94〜95ページ参照）に沿って体重が増えているか確認してみましょう。またこのころの赤ちゃんは授乳中ニコニコ笑ってくれることもあり、ますます愛情を感じられるようになりますね。

　でもオッパイを吸ったまま引っ張ったり、舌を回転させるような運動ができるようになることから、この時期から乳頭トラブルを起こす割合が増加してくるとのデータもあります。赤ちゃんとのスキンシップもよいことですが、トラブルとの関連も頭に置き、遊び飲みもほどほどの時間で切り上げましょう。

Q4 母乳があまり出ないので、主にミルクを飲ませています。粉ミルクの缶には赤ちゃんの月齢と哺乳量のめやすが書いてありますが、その量は飲めません。大丈夫ですか？

A 粉ミルクの缶に表示してある数字は、「その量まで飲ませてよい」というめやすだと考えてください。赤ちゃんの１回の哺乳量はと

ても個人差があり、ムラがあるのも普通のことで、必ずしも缶の表示どおりには飲みません。あまり神経質にならずに、ほしがる量を飲ませてあげればよいでしょう。飲みが少なく発育が心配な場合は、乳児身体発育曲線（94〜95ページ参照）に沿って体重増加しているかを確認してみましょう。

Q5 ミルクを補充していますが、調乳に時間がかかってしまいます。手早くできるコツはありませんか？

A 粉ミルクを使用するときは、70℃以上の熱湯で調乳する必要があるため、適温に冷ますまでに一番時間がかかるのではないでしょうか？　そこで、湯冷ましを準備しておくとスムーズに調乳できます。消毒済みの哺乳瓶に一度沸騰させたお湯を入れて、冷ましておけばOK。ポットには70℃以上の熱湯を常備します。ミルクはできあがり量より少なめのポットの熱湯で溶かし（哺乳瓶が冷たい場合はお湯の温度が下がるので注意してください）、あとはできあがり量まで湯冷ましを足して温度調整をします。こうすると、短時間で適温のミルクをつくることができます。また次の授乳の時間までに、湯冷ましをつくっておくと便利です。

Q6 早産したので赤ちゃんが NICU に長期入院しています。母乳を搾って届けているのですが、直接吸わせられないせいか母乳の分泌がだんだん少なくなってきているように思います。このまま出が悪くなり、止まってしまうのでしょうか？

A 母乳の分泌は、遅い人でもほぼ産後3カ月ぐらいで、早い人では産後1カ月ぐらいで受注生産体制へとサイクルが変化してきます。そのころまでは2〜3時間でオッパイが張ってきて、それを飲ませた

り、搾乳するということになりますが、直接飲ませたり、乳頭の刺激を受けたときに母乳がつくられるというサイクルに徐々に変化してくるのです。

　通常ならば、赤ちゃんの欲求に応じて直母（排乳）することが多いので、分泌が維持しやすいといえます。ところがNICUなどに赤ちゃんが入院した場合は、オッパイが張ったときに搾乳してそれを届けることになりがちで、オッパイの張りを感じないと搾乳をしなくなってしまうことが多いのではないでしょうか。そうなると、ますますオッパイが張らない、搾乳しない、そして分泌の低下をまねく――となると思われます。

　オッパイが張っていなければ、夜間はよく眠って体を休めてよいと思いますが、せめて昼間はオッパイが張っていても張っていなくても、3〜4時間ごとに搾乳しましょう。その際は基底部マッサージ（30〜34ページまたは87ページの変法でもよい）も並行して行い、十分に乳頭圧迫をして刺激しながら搾乳してみましょう。また、効率よく搾乳するためには両手搾り（64〜65ページ参照）が効果的ですし、状態によっては搾乳器を使用してもよいでしょう。搾乳器の使用にあたっての注意は、103〜104ページを参考にしてください。

　小さく生まれた赤ちゃんには、とくに母乳が必要なことが多いので、ぜひ母乳の分泌が維持できるように工夫していきましょう。

Q7 自分が風邪をひいてしまいました。母乳を飲ませてもよいのですか？　また、病院を受診したら薬を処方されましたが、内服しながらの授乳は大丈夫でしょうか？

　A　母乳をとおして赤ちゃんに風邪がうつることはないので、授乳を続けて大丈夫です。ただ、赤ちゃんと接する前には十分に手洗いす

ること、咳などの症状がある場合はマスクをつけるなど、基本的な感染予防の対策をとるのは言うまでもありません。ちなみに WHO では、お母さんが新型コロナウイルスに感染した場合も軽症であればおおむね授乳してもよいとの見解です。

　また授乳中の内服については、免疫抑制剤、抗がん剤、放射線治療薬、特別な抗生物質などは禁忌とされていますが、それ以外の一時的な内服は基本的に差し支えないとする意見もあります。お母さん自身が発熱していたり、体がだるいときに搾乳するのも大変ですし、直母することはむしろホッとする時間なのではないでしょうか。病院の医師には、授乳が続行できる薬を処方してもらえるようにするのもよいことです。

　国立成育医療研究センター内に設置された「妊婦と薬情報センター」（https://www.ncchd.go.jp/kusuri/）は妊娠、授乳中の服薬に関する情報機関で、専門の医師、薬剤師が相談に応じてくれますので、利用されるのもよいでしょう。

Q8 母乳がほとんど出ず、今では完全に人工栄養です。赤ちゃんの哺乳意欲はあるのに、ミルクを飲むのに1時間近くかかり、母子ともに疲れてしまいます。どうしたらよいでしょうか？

A 哺乳瓶の乳首を変えてみましょう。人工乳首の出口には丸穴、スリーカット、クロスカットがあります。一生懸命飲んでいるのに時間がかかる場合は、スリーカットかクロスカットがおすすめです。これらは、メーカーでは月齢の大きい赤ちゃんを対象としていますが、丸穴ではあまりにも時間がかかる場合、赤ちゃんの吸う力に応じて出口が開くので、きっと適度な時間で飲めるようになるでしょう。逆にスリーカットやクロスカットの人工乳首を使用すると赤ちゃんがむせてしまい、飲みにくいようなら、穴の大きさが一定な丸穴のものを使

用するとスムーズでしょう。その場合は、穴のサイズがいろいろある
ので、月齢や飲み方に応じたものを選びましょう。

■人工乳首の穴の形状

0〜6カ月用　6〜18カ月用

| チュチュ スリムタイプ
©ジェクス
（クロスカット） | チュチュ マルチフィット
広口タイプ
©ジェクス
（クロスカット） | 母乳実感　乳首
©ピジョン
（左は丸穴、右は
スリーカット） | プレミアムチョイス
替えニップル
©ダッドウェイ
（左は丸穴、右は
スリーカット） |

Q9 母乳は赤ちゃんが泣いたタイミングで何度でもあげていいもの
だと聞きますが、本当にいいのでしょうか？

A 赤ちゃんの泣く理由は、必ずしもお腹がすいているからとは限
りません。よく観察して、泣く原因を調べてみましょう。

●**オムツは汚れてないかな**：紙オムツでも、おしっこをすれば通気が
　悪くなるので不快です。こまめにオムツ交換をしましょう。ウンチ
　の場合は、した後だけでなく、する前に大泣きする子もいます。

●**暑くないかな**：赤ちゃんの首の周りなどが、汗でぐっしょりぬれて
　いませんか？　顔を真っ赤にしていませんか？　夏の暑い日はエア
　コンを上手に使用しましょう。冷房のめやすは、大人が「じっとし
　ていれば涼しいけど、少し動くと暑いくらい」がよいでしょう。冬
　場は暖房が効き過ぎていないか確認し、あまり厚着にならないよう

に衣服やかけもので調節しましょう。

●**寒くないかな**：赤ちゃんの足が冷えきっていませんか？　衣服やかけものの調節はもちろん、暖房も考慮しましょう。おふとんの中では湯たんぽもよいですが、直接足にあたらないように、湯たんぽから10cm くらい離します。

●**眠いのかな**：赤ちゃんは寝ぐずりするか、寝起きの機嫌が悪いか、どちらかのことが多いです。添い乳、おしゃぶり、抱っこ、BGM など、その子に合った心地よく眠りにつけるものを見つけていきましょう。

●**体調はどうかな**：痛いところがあったり、熱があったり、体がだるかったり、体調が悪い場合はいつもより泣くことがあります。検温したり、ウンチの様子を見たりして観察しましょう。おっぱいやミルクの飲みがよく、活気があれば様子を見ましょう。「いつもとちがう！」「なんとなくおかしい！」と感じるようなら、早めに受診しましょう。

●**やっぱりそろそろお腹がすいたかな**：前の授乳から 2 時間以上経っていれば、そろそろかもしれませんので、授乳しましょう。

●**それでも泣きやまないとき**：まるまる抱っこしてあげましょう。赤ちゃんはお母さんのお腹の中にいたときの姿勢をとると安心します。赤ちゃんの体が丸くなるように抱っこしてみましょう（52ページ参照）。バスタオルなどでしっかりくるんでからまるまる抱っこすると、なお効果的です（夏場は暑いので注意しましょう）。

　これらと関連して、赤ちゃんの寝ぐずりや月齢が経ってからの夜泣きで、悩んでいるお母さんも多いように思います。環境調整などを行うことで、赤ちゃんが適切な睡眠をとれるよう個別に指導してくれる専門のコンサルタントが地域にいますので、相談してみてください。

第 3 章

起こりやすい
トラブルと対応

産後早期に起こりやすい トラブルと対応

1 乳房うっ積（うっ積）

うっ積については21ページなどでも触れてきましたが、ここでは具体的な対処の仕方について詳しく説明します。うっ積は授乳が終わった後（基底部マッサージや直母、搾乳した後）の状態で判定し、次のようにグレード分けされます。

■乳房うっ積

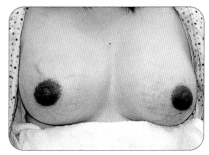

産後2〜3日頃。パンパンに張っています。

■授乳後のうっ積

授　乳　後	うっ積	
張りの感じなし	なし	軽い ↑
乳房が重くなってきた、熱くなってきた	前兆	
痛みはないが乳房が張った感じがある	0度	
乳房に触ると痛いところや硬いところがある	I度	
乳房に触らなくても痛い	II度	
乳房が張って痛くて眠れない	III度	重い ↓

予防としては妊娠中のケアが大切ですが（27ページ参照）、うっ積のときこそ基底部マッサージの威力が発揮されます。材料の仕入れ過ぎで乳房全体がパンパンになっているときに、それまで少ししか開いていなかった返品ルートのドアが、基底部を動かすことによって大きく開かれることになります。そうすると、過剰にたまった材料が、ドアに近いほうから次々と返品されていくわけです。

❶具体的な対処法
　①前兆：乳房が重く感じられたり、熱くなってきたら、気持ちがよければ冷やしましょう。
　②0度：授乳のたびに、しっかり基底部マッサージを３クール行います。気持ちがよければ、授乳と授乳の間は冷やしましょう。
　③Ⅰ度：毎回の基底部マッサージをゆっくり大きく、痛くないように４〜５クール行います。また、痛いところや硬いところは冷やしましょう。
　④Ⅱ度とⅢ度：毎回、基底部マッサージを４〜５クール行いましょう。それ以外にも、できれば授乳と授乳の間に基底部マッサージを行い、オッパイ全体を冷やしましょう。

基底部マッサージが効果的であることは、今まで述べてきた通りですが、肩を回す運動も胸部の血行を改善するようです。また育児中は授乳をはじめ、前かがみになる姿勢が多く、肩こりの訴えも多いものです。このような肩回し運動は、同時に胸や肩の血行をよくします。うっ積の症状だけでなく、肩こりも軽減させるセルフケア、また気分転換のひとつとして取り入れてみましょう。

また「上体ひねりの操体法」（36〜37ページ参照）もとても効果的であることがわかってきました。服を着たまま行えますし、張りが強

くオッパイに触るのがためらわれる場合も、無理なく苦痛なく行えます。基底部マッサージの前に行うと、肩まわりの緊張もとれるので基底部マッサージも楽に行うことができ効果的です。

❷内服の実際（ブロモクリプチン製剤）

　上記のような対応を行っても症状が改善されなければケアの限界と考え、専門家に診てもらいます。ブロモクリプチン製剤の内服が考慮されます。

　これらは母乳に移行せず、赤ちゃんへの影響はほとんどないと報告されていますが、飲み初めは嘔気や鼻詰まりなどを訴える人がいて、服用量の微調整や、場合によっては吐き気止め内服が必要なケースもあります。

　オッパイを冷やすことと基底部マッサージを続けながら経過を見ていくと、多くの場合は服用後、8時間くらいで効果があらわれます。これはおっぱいをつくる指令を出すホルモン（プロラクチン）の分泌が抑制された結果で、オッパイはかなり楽になるでしょう。

　また、内服によってそれまで少しは出ていた母乳の分泌量が、一時的に少なくなる場合がありますが、内服が数日であればまたプロラクチンが分泌され、母乳の分泌は徐々に回復しますし、アクセルのケアを強化すれば分泌量を早く元に戻すことができます。完全に母乳の分泌を停止させるためには、分泌量をうんと落とした状態で2週間かかります（49ページ参照）。ブロモクリプチン製剤の数日の内服でしたら、たいていは元通りになりますので安心してください。

■注意

　①うっ積が改善してくると、冷やすことが不快になってきますので、

その時点で冷やすことを中止してください。

②食事制限や水分の制限は、とくに必要ありません。授乳期のお母さんの体は、飢餓状態や脱水状態になっても、おっぱいをつくる方向に働きます。そのような中で、うっ積を軽減する目的での制限は無意味といえ、かえって母体の健康を損ねることになります。とくに産後早期は、必要な水分を補給しないと血栓症を引き起こす恐れもあるといわれていますし、十分な栄養をとって母体を回復させることが第一です（150ページの「授乳期の食事で大切なこと」参照）。

　また水分制限の結果、尿量が少なくなると、膀胱炎などの尿路感染症にもかかりやすくなり、場合によっては腎機能障害を引き起こす可能性もあるといわれています。母体の健康を守るためにも、水分は必要な分だけとりましょう。食事も常識的な内容なら、制限の必要はありません。

③うっ積の対応は、基底部をよく動かす（返品を増やす）、しっかり冷やす（材料の仕入れを少なくする）ということを覚えておきましょう。

2 乳頭・乳輪部のむくみ

　うっ積にともなって血液循環が悪化することで、乳頭・乳輪部が夏ミカンのような感じになる場合や、つまんだところに指のあとがつくような状態になることもあります。このような場合は、まず基底部マッサージでオッパイ全体の血液循環を整えた後、むくみとりを行いましょう（40ページ参照）。またむくみのあるときは、乳頭・乳輪部の条件も悪くなりがちで、直母できないこともあります。

軽度のむくみの場合は、基底部マッサージを行った後、まず片方のむくみとりを行い、伸展性など条件がよくなったところで乳頭圧迫をし、痛くなければよい状態のうちに直母してみてください。そして、同じ要領でもう片側も行います。両方行っているうちに、最初に行ったほうがまたむくんでくることがありますので、注意して観察します。

むくみのある組織は、少しの刺激でとてもダメージを受けやすいといえます。直母の際は無理をしないことはもちろん、搾乳のしかたにも気をつけ、乳輪部の痛みのあるところは避けて

■軽度の乳頭・乳輪部浮腫

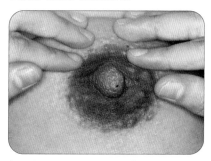

軽い浮腫はむくみとりのケアが効果的です。

■強い乳輪浮腫

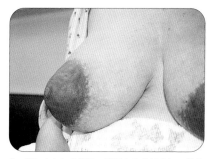

うっ積にともなう症状。妊娠中から見られる場合もあります。

行うくらいがよいでしょう。また、気持ちよければ小さめの保冷剤などで、むくんでいるところをしっかりと冷やしてください。

一方、長引くむくみは、厄介な乳汁貯留腫（126ページ参照）の前駆症状の場合もあることがわかってきています。痛みやしこりなどの急激な変化に十分注意しましょう。

3 乳頭トラブル

・内出血
・水疱、血疱 (血豆)
　(乳口にかからない)
・乳頭（乳頸）亀裂

　「お母さんになったのだから、このくらいのことは我慢しなきゃ……」と無理をすると、かえってトラブルを悪化させ、授乳が苦痛になってしまいます。また傷からの細菌感染により、乳腺炎を起こすケースもあります。そうなると、お母さんの心身へのダメージが大きく、せっかく出ていたおっぱいも結局は止めてしまうということにもなりかねません。トラブルに気づいたときは、次のように対処してください。

❶具体的な対処法
　①明らかなもの、触ってみて痛いものは直母を中止し、搾乳で対応しましょう。
　②刺激しないように清潔に扱いましょう。

■内出血

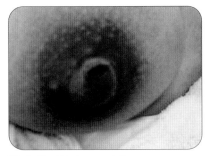

「カサブタ」状になっています。

■血疱（水疱に出血をともなっているもの）

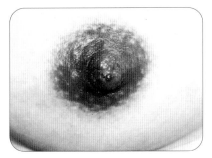

血豆ともいわれます。

■乳頭亀裂（乳頸部）

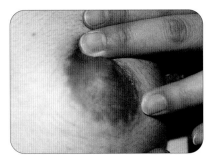

乳頭の付け根が切れています。

③軟膏などで患部を保護しま
しょう。

■亀裂ができたり、水疱が破れ
てしまった場合の処置
　①搾乳する前には、清浄綿や
　　ぬるま湯でぬらした清潔な
　　ガーゼなどで、薬を痛くな
　　いようにそっと拭きとりま
　　す。

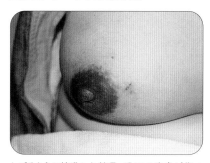

■搾乳によってできた擦過傷

しごくように搾乳した結果、乳房の皮膚が傷ついてしまいました。

　②搾乳後は感染予防のため、消毒薬と軟膏で処置しましょう。軟膏
　　は少量の塗布でよく、薬はごく微量ですから、赤ちゃんへの影響
　　はないと考えられます。食用のオリーブオイルなどで代用しても
　　よいでしょう。皮膚を保護する効果が期待できます。
　③下着にすれて痛い場合は、軟膏を塗った上から清潔なガーゼを当
　　て、サージカルテープやセロテープなどで固定します。セロテー
　　プは手に入りやすく、意外に肌を痛めにくいようです。
　④触っても痛くなくなったら、軟膏の塗布を中止してもよいでしょう。
　　擦過傷をつくらないよう搾乳の仕方も注意しましょう（63～65ペ
　　ージ参照）。

❷直母再開時の注意
　①トラブルの再発を予防するために、直母前に十分に乳頭圧迫を行い
　　ましょう。
　②トラブルの位置をなるべく避ける方向で、直母するようにします
　　（51ページ「赤ちゃんの抱き方、オッパイの含ませ方」参照）。

❸予防

①ウイークポイントをよく知って、妊娠経過が順調なら妊娠中から強化するよう心がけましょう。

②分泌の少ないうちは、なるべくウイークポイントを避ける方向から直母しましょう。

③吸わせはじめてからの変化をよく観察し、乳頭が白っぽくなったり、赤っぽくなるなどして痛みを感じたら、無理をせずに搾乳に切り換えるほうが無難でしょう。

---

4 血乳

乳頭トラブルがないのに血液が混じった母乳を「血乳」といい、妊娠中や産後早期にしばしば見られます。血乳が出る原因は、妊娠中や産後早期に、おっぱい工場（乳腺組織）の急激な拡張のため「突貫工事」が行われる場合があり、欠陥だらけになるからではないかといわれています。でも、おっぱいの分泌がよくなるころには「修復」され、血乳も出なくなります。

また、肉眼的には血乳でなくても、顕微鏡で見るとすべての初乳に赤血球が混ざっているといわれており、特別な異常としては扱いません。ただ、濃い血乳は赤ちゃんの嘔吐の原因になったりするので、飲ませずに搾って捨ててください。薄茶色程度なら赤ちゃんの様子を見て、普通に飲ませてもよいでしょう。初乳の血乳はまず問題はないといわれていますが、いったんは成乳（白くさらさらとした状態のおっぱい）になってから血乳が出るようなら腫瘍も疑い、一度検査を受けられることをおすすめします。

5 　分泌が多過ぎて苦しい

　分泌が少ない人は「かわいそう」と同情されるのに、「出過ぎてつら
い」というとゼイタクな悩みとして片付けられてしまうこともありま
す。でも、出過ぎの人はオッパイが張って苦しいうえにいろいろなト
ラブルを起こしやすく、管理上とても問題があります。また、通常よ
りも余計にお母さんの身を削っておっぱいをつくっているので、極端
なケースでは著しい体重減少や脱水、飢餓状態、ひどい場合は精神的
に不安定となる人や授乳性の骨粗鬆症を発症してとても苦労している
人もいます。このように、お母さんへのダメージが大変大きいのです。

　そこで、ちょうどよい分だけ出るように、ブレーキを踏んでコント
ロールする必要があります。コントロールが必要なのは、出過ぎエリ
ア（産後7日以後に残乳量が70mL以上）に該当する人です。生まれ
た赤ちゃん以外にもう一人育てられそうなほど、常に母乳を捨ててい
る状態です。

　産後早期はうっ積もあり、オッパイが張っている原因を鑑別しにく
いこともありますが、**「分泌量＝直母量＋搾乳できた量」**に着目して
ください。出過ぎエリアに突入してしまったら、次のようにブレーキ
を踏んでいきます。

①基底部マッサージを中止します。

②乳房全体、または気持ちよく感じるところを冷やします。

③気持ちがよければ乳房を圧迫します。

　少しきつめのブラジャーをするか、ブラジャーのカップの部分に
タオルなどを詰め、オッパイに圧がかかるようにしてもよいでし
ょう。この場合は、伸縮性の少ない素材のブラジャーを使用しま
す。また、小さい保冷剤をガーゼなどでくるんで入れると、圧迫

と冷やすことが同時にできます。

④搾乳の仕方に注意しましょう。

　直母した後、オッパイ全体をよく触ってみて、硬いところから両手搾りで搾乳します。搾り過ぎを防ぐために、硬いところを確認しながら、そこだけポイント搾りをしてください。そのとき、圧迫している手でオッパイをもまないように気をつけましょう。搾乳器を使用するとそのような加減ができず余計に出てしまうので、使用しないほうが無難です。そして、量にこだわらずにとりあえず搾ってみて、だいたい楽になったと感じたところで切り上げて量を見ましょう。

　乳頭トラブルなどで搾乳を飲ませている場合は、その中から赤ちゃんに与えるので、それを差し引いた量が余分ということになります。

　以上のようにブレーキを踏んでいき、まずは余分量を70mL 以下とし、目標としては50mL 以下に、そして最終的には残乳搾りはほとんど不要となるようコントロールします。

　冷やしたり、圧迫することが苦痛に感じられるようになってきたら、どちらか苦痛になってきたほうから順番にやめていきましょう。

　このような対応をしても、いっこうに出過ぎエリアから減らせない場合は、もうケアの限界です。冷やすこと、圧迫することを続けながら専門家の判断を待ちます。うっ積のところでも触れた、ブロモクリプチン製剤の内服が考慮されます（118ページ参照）。

6 | 脇のところが腫れて痛い

・腫れている部分に乳頭のような突起や色素沈着がある：副乳
・腋の下が腫れて痛いが、乳頭らしきものはない：腋窩乳腺症

多くは上記のどちらかです。対応はどちらも同じで、気持ちよいと感じるうちは冷やし、あとは放置して構いません。

また一部には迷入乳腺というものもあり、断乳後に十分なフォローが必要です。がん検診のときは、必ずその部分を十分にチェックしてもらいましょう。

■副乳

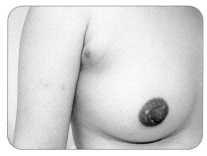

産後早期に腫れることもあります。

■腋窩乳腺症

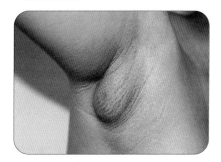

腫れていますが乳頭はありません。
気持ちがよければ冷やし、放っておいても大丈夫です。

7 | うっ積に続いて乳輪が硬くなり痛い（乳汁貯留腫）

乳汁貯留腫は、うっ積にともなう酸素欠乏状態によって引き起こされる組織破壊が原因か、といわれています。うっ積のときに、乳房をもんだり機械的に強い力を加えた場合に悪化することもあり、うっ積

の対応がとても大切です。

　一方、うっ積も軽度で、また機械的な強い圧力を加えていないのにこのような症状を呈することもあります。

　　＊乳房の手術の既往があり、乳管（おっぱいが流れるルート）が傷ついている可能性が
　　あったり、先天的に乳管が欠損している場合は、これと似た症状を起こすことがありま
　　す（孤立乳腺）。これは乳汁貯留腫とは別の疾患ですし、原因も異なりますが、同様に
　　十分な注意が必要です。

❶症状

①乳輪直下に急激にしこりができ、ボールが入ったような状態になり、痛くて直母も搾乳もできない状態です。

②うっ積がだんだん楽になってきて、基底部の動きがよくなりつつあるのに、急激に分泌量が減少するのが特徴です。

❷対応

「急ブレーキ」を踏んでください。

　まずは、痛い側のオッパイを徹底的に冷やして圧迫し、医師の診察、処方を受けてください。くれぐれも無理にもみほぐしたりせず、痛いことはしないでください。痛みがなくなってきたら、冷やしていくだけで少しずつしこりが小さくなってくることが多く、伸展性もよくなって、多くは直母も再開できるようになります。

　しかし最初の対応を誤ると、組織を破壊して、たまったおっぱいが巨大なカプセルのようになり、細菌感染でも併発したら大変です。それほど多くあるトラブルではありませんが、知っておきたいもののひとつです。

吸わせにくいオッパイと対応

1　陥没乳頭（乳頭が引っ込んでいる）

　陥没乳頭にもいろいろなタイプがあり、対応法が少しちがいますが、乳頭の発育不全と考えられ、妊娠早期からのケアがとても大切です。

❶乳頭が完全に、または一部が入り込んでいる状態で、指でつまんでも出てこないもの

①妊娠経過が順調なら、16週から「乳頭を出す」ためのケアを行います。乳頭吸引器を使用し、痛くない程度に乳頭を吸引してみましょう。シュカッ、シュカッとゆっくり、左右1分ほどずつ毎日行います。

②あまり抵抗なく乳頭が吸引できるようになったら、吸引した状態で数秒そのままにしてみましょう。ただし、

■指でつまんでも出ない乳頭
　（妊娠10週）

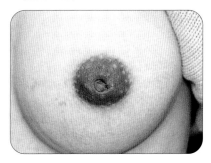

■乳頭吸引器

©ピジョン

痛いようなら無理をしないでください。圧を抜き、同じ要領でまた吸引することをくり返し、左右1分ほどずつ行います。

①②をくり返していると、だんだんと乳頭が突出しやすくなり、やがて指でつまむと出てくる状態になります。ここまでで2〜3カ月はかかります。あせることのないようにしましょう。

③乳頭が指でつまんで出るようになったら、今度は乳頭を強化していきます。普段、中に引っ込んでいる部分（乳頭の側壁）はとても弱く、直母などの刺激ですぐトラブルを起こすことが考えられます。そこで、触る→乳頭圧迫→もみずらしという順番に、痛くないよう段階的に通常のケアに近づけ強化していきましょう。このケアは、妊娠16週くらいから行うようにしましょう。また痛くなければ、「プチパッド®」を使用してもよいでしょう。プチパッドは持続的に乳頭を吸引する補正器ですが、使ってみて痛いと感じた人は無理をしないでください。

■乳頭吸引器による吸引

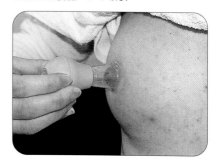

■突出してきた乳頭（産後1カ月）

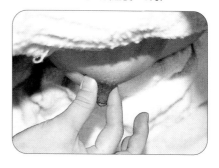

❷指でつまめば乳頭が完全に突出するもの

前述の③からの対応をしていきます。

■注意

①長期にわたるケアが必要となります。功をあせって無理をすると乳頭亀裂などのトラブルを起こしますので、くれぐれも痛くないように行ってください。

②妊娠経過に問題のある人は、状態が落ち着くまで待ちましょう。

③指でつまんで乳頭が出るようになっても、ウイークポイント（19ページ参照）として対処し、無理はしないでください。

④極端なケースの場合は、以上のような対応でも改善が難しいことがあります。その場合、まず搾乳で対応することになります。しかし乳頭の清潔も保ちにくく、母乳の分泌がはじまるとどうしても乳腺炎などのトラブルのリスクが高くなることが考えられます。このようにお母さんへのダメージが大きい場合は、人工栄養を選択する方法もあります。長い目で見れば、決して無駄にはなりません。

2　扁平乳頭（乳頭が突出していない）

扁平かどうかよりも、伸展性や乳輪の厚さが大切になります（16〜17ページ参照）。扁平乳頭でも伸展性がよく、乳輪がしっかりつぶれる状態ならたいてい直母が可能です。これらの条件が悪い場合でも、妊娠中のケアでかなり改善されることは前述の通りですので、妊娠経過が順調ならぜひ行っておきましょう。また産後、うっ積にともなうオッパイの張りのために条件が悪くなる時期は無理をせずに搾乳で対応し、うっ積が改善され、条件が再びよくなるのを待ちましょう。乳頭保護器を使うとうまくいく場合もあります（102ページ参照）。

3 裂状乳頭（乳頭の先端に溝がある）

　裂状乳頭も乳頭の発育不全の
ひとつと考えられ、妊娠中のケ
アである程度の改善が期待でき
ますので、基本的な乳頭ケアを
行ってください。裂状乳頭の場
合、溝の中の清潔が保ちにくく、
乳腺炎などのトラブルを起こし
やすいことやゆがみ飲み（まっ
すぐに乳頭を含まず、ゆがんだ
状態で直母する）の傾向によっ
て、乳頭トラブルを起こしやす
くなることが考えられます。妊
娠中から溝の中をきれいに保つ
ように心がけましょう。オイル
湿布（41〜42ページ参照）を行

■横から見た裂状乳頭

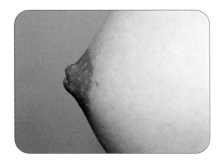

■正面から見た裂状乳頭

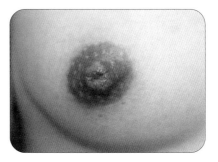

ってから石けんで洗うと、溜まっていた汚れが取れやすいです。

　また直母する場合は、乳頭圧迫を十分に行って、血行をよくしてか
らにしましょう。おおむね溝に対して垂直方向は伸展性の改善も早く、
吸わせやすいことが多いので、状態を確認してトライしてみましょう。

　たとえば、右図のように9時の方
向から3時の方向への溝がある場合
は、赤ちゃんの口の上下方向を9時
から3時に合わせる横飲みがもっと
も吸わせやすいでしょう。

■裂状乳頭と赤ちゃんの吸う方向

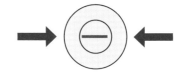

4 　乳頭・乳輪部が硬くて伸展性が悪い、乳輪が厚い

　硬い乳頭は直母すると痛く、トラブルを起こしやすいので、おっぱいの分泌が少ないうちは、とくに十分に乳頭圧迫を行ってから直母しましょう。乳輪部が硬い（＝伸展性が悪い）、乳輪が厚い（＝口の中で搾乳ができない）場合はうまく吸いつけないので、授乳は搾乳中心ということが多くなります。また、産後の経過とともに柔らかくなってくることも多いので、母乳の分泌を維持しつつ乳頭マッサージを続けていき、直母できる条件が整うのを待ちましょう。条件によっては、乳頭保護器を使うとうまくいくこともあります（102ページ参照）。

5 　乳頭が赤ちゃんの口に対して大きく、吸いつけない

　しばらくは搾乳を中心に対応し、母乳の分泌を維持しながら赤ちゃんの成長を待ちます。その間、お母さんは抱き方の練習をする、赤ちゃんにお母さんの乳頭の舌触りを忘れさせない、お母さんの匂いを伝えるなどの目的で、短時間、無理のない範囲で直母練習をしてもよいでしょう。

6 　赤ちゃんの舌の巻きつけがうまくいかない

　赤ちゃんは元気で哺乳意欲もあり、お母さん側のオッパイの条件は整っているのに、なぜかうまくくわえられない、吸いつけない、というケースがあります。そのような場合、オッパイと赤ちゃんの口元だけでなく、赤ちゃんの姿勢にも注意してみてください。背中や首が反っていたり、頭や体がねじれたりしていませんか？　または、赤ちゃ

んのアゴを引き過ぎていませんか？　そうなると乳頭をくわえにくく、またねじれていると舌をまっすぐ前に出すことができず、スムーズに吸いつけません。赤ちゃんの背中のCカーブを保つようにし（52ページ参照）、おでこ、鼻、アゴ、そしておへそまでのラインが一直線上にあり、ねじれていないことを確認しましょう。その点に気をつけるだけで、うまくいくことも多いものです。

　またその際は、お母さんの姿勢もねじれがなく、楽に飲ませられるように工夫しましょう。状態によっては、授乳クッションを使うとかえって赤ちゃんの体が反ったり、お母さんが極端に前かがみになったりして、赤ちゃんの口とオッパイとの距離が遠くなり、ますますうまく吸いつけないことがあります。そればかりか、お母さんも肩や背中が凝るなど、肉体的にとても苦痛になります。クッションの使い方も注意しましょう（60〜61ページ参照）。

　赤ちゃんが口を大きく開けてくれないときや唇が内側に巻き込まれてしまう場合は、口の周りをやさしくマッサージしてあげてもよいでしょう。

　なお、赤ちゃんもお母さんの姿勢も問題がなくお母さん側のオッパイの条件も充たされ、哺乳意欲もあるのに直母が上手くいかなかったり、オッパイトラブルをくり返すケースがあります。このようなケースでは、赤ちゃんの舌の動きや飲み込みなど口腔機能に問題点があるという指摘が小児歯科口腔外科の分野であり、研究が進められています。

知っておきたい
オッパイトラブルと対応

オッパイにしこりができた！　乳首が痛い！

　さぁ、どんなトラブルでしょう。なにかおかしいと感じたら、この解説を参考に応急処置を行い、早めに専門家に相談してください。

1 乳口部水疱

❶症状

- ・乳房の一部にしこりができます（水疱が乳口部をふさぐため）。
- ・乳頭の先端に白いものができます。

■乳口部水疱

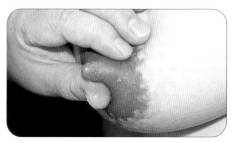

このように白い点ができ、急に乳房にしこりができます。

❷主な原因

- ・赤ちゃんがなんらかの理由で、浅飲みをすることによってできることが多いです。

■水疱を破綻させた瞬間

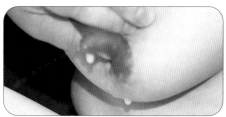

❸対応

- とりあえず直母を中止し、搾乳で対応します。
- しこりの部分は冷やします。
- 水疱を破綻させる処置が必要です。水疱を破綻させるために直母することもありますが、まずは専門家に相談しましょう。

❹予防

- 先飲みを防ぎます。

2 乳口炎

❶症状

- 乳頭の先端に白い点があり、直母すると痛みがあります。
- 乳房の一部にしこりができることもあります（乳口部が炎症によって腫れ、母乳の通過が悪くなるため）。

■乳口炎

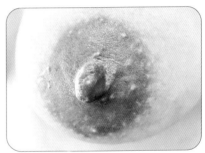

乳口部水疱が破れて、細菌感染し、乳口が白くなっています。

❷主な原因

- 乳口部水疱が破れ、そこへ細菌感染を起こします。

❸対応

- 吸わせて痛い場合は、直母を中止または可能な限り回数や時間を減らして、その分搾乳で対応します。
- しこりがある場合は、まずその部分を冷やします。

・白いところはイソジンガーグル® で消毒し、抗生物質の軟膏を塗ります（研究の結果、イソジン® のうがい薬は赤ちゃんの口に多少入っても抵抗がなく、効果が高いことがわかっています）。
・詳しい対応については専門家に相談しましょう。

❹予防
・乳口部水疱の早期発見
　これらのトラブルは、赤ちゃんの浅飲みやゆがみ飲みがほとんどの原因といえます。とくに夜間など長時間授乳しない場合、乳房がパンパンに張った状態になります。そんなとき、そのまま直母すると浅飲みになりやすく、乳頭に負担がかかって水疱ができることがあります。直母する前には必ず乳頭をつまんで、パンパンに張り過ぎていないかどうか確認しましょう。もし、人差し指の第一関節までつまめないような状態なら、少し先搾りしてから直母するよう心がけましょう（96〜97ページ参照）。赤ちゃんの遊び飲み、また赤ちゃんの向き癖や不適切な授乳姿勢も浅飲みやゆがみ飲みの原因になる可能性があり、注意が必要です。

　乳口炎はなかなか治りにくいケースがあり、治療についても研究が重ねられてきました。その結果、乳口部を乳汁が通過する刺激が治りを遅らせることがわかりました。難治性の場合、患部の消毒や抗生物質の軟膏による治療とともに、母乳の分泌を一時的に抑制するとかなり効果的であることが証明されています。その場合、乳房を冷やす、圧迫するという、いわゆるケアでのブレーキの対応が苦痛でなければ行います。

　または、数日間ブロモクリプチン製剤を服用して、ほとんどおっぱいが出ないようにし、搾乳もしなくてすむようにする治療法もありま

す。この方法はとても効果がありますが、トラブルを起こしてないほうのおっぱいの分泌も抑制されてしまいます。

　そのため、たとえば哺乳瓶やコップなど赤ちゃんが直母以外の手段で授乳ができるか、または月齢によっては離乳食が順調に食べられている必要があります。このような内服によるブレーキは、数日間でしたらトラブル改善後にアクセルのケアを強化すれば、分泌は元通りになります。復活が遅い場合は、スルピリドという薬を内服すると、早く分泌量が元通りに増加することが報告されています。心配な人は、専門家に相談してみてください（スルピリドは母乳の分泌が良好であったにもかかわらず、なんらかの理由で一旦分泌を抑制した場合に分泌量を元に戻すのには有効ですが、もともとの分泌量が少ない場合は、分泌量をそれ以上増加させる効果はないとされています）。

3　乳頭炎

❶症状

- ・乳口炎の白い部分が大きくなり、盛り上がった感じで広がり痛みます。
- ・乳頭全体が腫れることもあります。

■乳頭炎

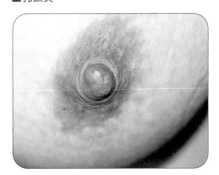

乳口炎が悪化して炎症が長引き、タコ状になっています。

❷主な原因

- ・乳口炎が悪化、または乳頭亀裂やただれがあるのに直母を続けたために炎症が広がり、乳頭全体が炎症を起こします。

❸対応

・乳口炎に準じます。

・症状の改善が見られない場合は、一時、母乳の分泌を止める治療も考慮されます。

4 乳腺炎

❶症状

・直母しても搾乳しても、なんとなくおっぱいが残っている感じがあります。

・乳房の一部がズキズキと痛く、熱を持ちます。

・全身的に熱が出ることもあります。

❷主な原因

・残乳の処理が不十分で、そこへ細菌感染。

・乳口炎や乳栓などで乳房にしこりができ、そこへ細菌感染。

❸対応

・痛いところを徹底的に冷やします（冷やすことが苦痛になるまで）。

・基底部マッサージは、刺激になるので行わないでください。

■乳腺炎

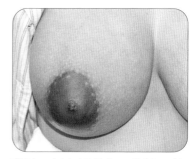

乳頭トラブルから乳腺炎に。発赤してズキズキ痛みます。

■不適切な対応で化膿した乳房

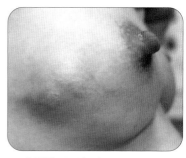

この後切開に至りました。

- 温めたりもんだりすると、炎症症状が悪化するので絶対にしないでください。
- 痛くなければ直母は OK（痛かったら搾乳で対応）。
- 直母も搾乳も痛い場合は、痛いほうの乳房全体を冷やして早めに専門家に相談してください。

❹予防
- 毎回、残乳の有無をよく確認しましょう。
- 痛いしこりは、まず冷やすことで悪化を防ぐことができます。この場合、数日冷やすくらいではおっぱいは止まりません。

5 | 乳栓

❶症状
- 乳頭に異常はありませんが、乳房の一部にしこりができます。

❷主な原因
- 母乳の中の成分がチーズ状のかたまりをつくり、母乳が通るルートに詰まる。

■排出された乳栓

❸対応
- しこりの部分を冷やします。
- 直母は、痛くなければ OK。
- しこりの部分を痛くない程度に押さえながら飲ませたり、方向を変えて飲ませると（56〜59ページ参照）しこりがとれることもあ

りますが、無理は禁物です。

・乳栓が排出されるまでに、3〜10日間くらいかかることもあります。その間は、気持ちがよければしこりの部分を冷やして、二次的なトラブルを予防しましょう。

・決して、もんだりしごいたりしないでください。

❹予防

・毎回の授乳のたびに残乳をよく確認し、必要なら残乳搾りをします。

・長時間、おっぱいをためておかないように気をつけましょう。

・乳房周囲の動きを改善しましょう。クルクル体操（145ページ参照）がおすすめです。

　赤ちゃんにちょうど足りるだけの母乳が出るようになり、順調に授乳できるようになると、ついつい基本的な観察やケアを怠りがちになるものです。乳腺炎や乳栓といったトラブルの多くは、そんなお母さんをねらっています。一見順調であっても、直母した後は飲み残しの有無を必ず確認しましょう。

　飲み残しがある場合、両手搾りでポイントだけを処理すれば時間もかかりません（64〜65ページ参照）。また、母乳過多傾向の人もこれらのトラブルを起こしやすいので、コントロールの必要があります（124〜125ページ参照）。

　昔は、オッパイのしこりは温めてもみほぐす……というのが唯一の対応でしたが、それによって組織が破壊されてしまい、目も当てられない状態になったケースもたくさんあります。熱を持っているものは冷やす、このごく当たり前のことが、炎症を抑え、治りを早めることを忘れないでください。

6 乳頭・乳輪部カンジダ症

❶症状

- 乳頭・乳輪部がうすいピンク色になり、痛がゆい。乳首の付け根が切れたりすることもあります。
- 赤ちゃんの口の中に、白いブツブツ（鵞口瘡<ruby>鵞<rt>が</rt></ruby><ruby>口瘡<rt>こうそう</rt></ruby>）ができている場合もあります。

❷主な原因

- カンジダ菌（カビの一種）が赤ちゃんの口の中に感染し、それがお母さんの乳首に感染。

❸対応

■乳頭・乳輪部カンジダ症

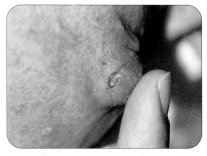

乳輪部がうすいピンク色になり、切れています。

■鵞口瘡（カンジダ症）

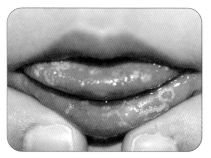

赤ちゃんの口の中や唇が白くただれています。

- 母子ともに同時に治療。必ず赤ちゃんも一緒に受診することが必要です。

  赤ちゃん…抗真菌薬の水薬を口の中に塗る。母乳やミルクを飲ませたあとは、綿棒などで乳カスをぬぐってから薬を塗るようにします。

  お母さん…消毒、抗真菌薬の軟膏で治療します。明らかに切れている場合は直母を中止します。痛みがなければ直母OK。ただ切れやすいので無理はしないでください。

7 かまれた傷

❶症状

・直母をしていて激痛があり
　ます。明らかに切れて出血
　する場合もあります。

❷主な原因

・母乳の分泌が悪いときに、
　赤ちゃんがかむことも。
・歯の生えはじめ。

■赤ちゃんにかまれた傷

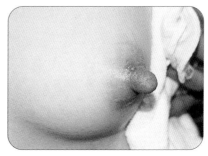

こういう状態になると、おっぱいをあげることが
できないくらいの痛みに襲われます。

❸対応

・傷がある間、傷のある側は直母を中止して搾乳に切り替えます。
・傷はしみない消毒液で消毒して、抗生物質の軟膏で治療します。

❹予防

・直母前には乳頭圧迫を行い、赤ちゃんが吸いはじめたら、すぐに
　母乳が出るようにするとよい場合もあります。
・赤ちゃんに野菜のスティックなどをかませてみます。
・再発して授乳がストレスになる場合は、卒乳も視野に入れてもよ
　いでしょう。

8 神経痛

❶症状

- 明らかな乳房・乳頭トラブルがなく、うっ積の時期でもなく、しこりや発熱もないのに、乳房がズキンズキンと痛みます。痛い部分は移動することもあり、うずくまりたいほどに痛いこともあります（ほかの乳房トラブルが全部否定され、肋間神経痛、心臓病などもない場合、考えられるのは乳房の神経痛ですが、確定ではありません）。

❷対応

- 血液循環をよくする意味で基底部マッサージを行ったり、この場合はむしろ温めると効果がある場合があるので、専門家に相談しましょう。また、鎮痛薬を処方してもらい、必要なときは内服するのもよいでしょう。

9 不快性射乳反射（D-MER）

オッパイトラブルとは関係なく、授乳時に胃のむかつきや痛みなどの身体的不快症状を発症したり、悲しみや焦燥感におそわれ、パニックなどを起こしてしまう人が一定数いることがわかってきました。

これは直母、搾乳関係なく、母乳が出ることで起こる反射とされています。程度や持続時間も個人差があり、決してお母さんが子育てや授乳に意欲がないというわけではありません。さらなる研究が待たれています。

「もしかして、私もそうかも？」というお母さんの中には、自分を

責めたり、授乳を不快に思っていることを人に知られたくないと、さらに悩んでしまう人もいます。

　一人で悩んだり、自分を責めたりしないで、「そういう人もいるんだ」と気を楽にして、まずは誰かに相談してくださいね。そして、笑顔で授乳や育児できる方法を一緒に考えていきましょう。

10 腫瘍、腫瘍様疾患

　多くは無痛性のしこりとして発見されることが多いのですが、妊娠中から授乳期にかけては腫瘍、腫瘍様疾患があっても見つけにくいことが問題になります。このようなしこりを発見したら、まず医師の診察を受け、十分なフォローアップをしていく必要があります。

　妊娠中、授乳中といってもとくに無痛性のしこりに対しては大袈裟と思うくらい慎重に対応してください。

胸鎖関節の動きをよくする
"クルクル体操"

　乳栓、乳腺炎などのオッパイトラブルをよく起こすお母さんの鎖骨に注目すると、鎖骨と胸骨（肋骨が合わさっている部分の骨）の接続部分（胸鎖関節）の動きがよくないと感じます。乳房の大部分が乗っている大胸筋は、鎖骨と胸骨に付着しているので、胸鎖関節の動きが悪ければ、大胸筋の動きもよくないため、血行も悪くなります。それはオッパイの状態に影響するでしょうし、トラブルとも無関係ではないでしょう。

　そこで胸鎖関節の動きをよくして、血行を改善するクルクル体操を行ってみましょう。肩こりにも効果があります。

直径20cm

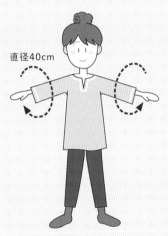

直径40cm

①両腕を後ろでクルクルします。両腕を苦しくない程度に後ろにもっていきます。腕の高さは楽なところでOK。手のひらを上向きにして、直径20cmくらいの円を描くように、回しやすいほうにクルクル回します。

②両腕を真横でクルクルします。両腕を真横に伸ばし、手のひらを下向きに、直径40cmくらいの円を描くようにクルクル回します。真横まで上げられない場合は、無理のないところで回してください。

③楽なほうを10回、つらかったほうは5回、2〜3セットくり返します。
④最後はつらかったほうを10回行って終了です。体が軽くなります。

（渡部信子『「骨盤」メンテ2』日経BP、2008より）

オッパイのトラブル Q&A

Q1 片方のオッパイだけが大きくなり、オッパイの張りも、分泌量にも左右差があります。どうすればよいでしょうか？

A 乳頭トラブルがなければ、まずは張りや分泌の少ない側から直母してみましょう。

授乳するときはオッパイの条件やお母さんの得手不得手、赤ちゃんの癖なども関係して、どちらか飲ませやすい側が決まってしまうことがあります。そしていつもそちら側から直母したり、そちら側中心の授乳になったりしがちです。赤ちゃんがオッパイを吸う刺激は飲みはじめのほうが強いといわれ、先に飲ませる側が決まっているとそちら側の乳腺組織がより発育するため、オッパイの大きさは、人によってはかなり左右差ができます。

そこで、張りの少ないほうから直母をすることにより乳腺組織の発育がよくなり、かなり左右差がなくなったケースも経験しています。またオッパイの条件が同じなら、なるべく左右均等に授乳するよう心がけましよう。

Q2 オッパイの条件は左右ほぼ同じなのに、赤ちゃんが片方のオッパイだけ飲みにくいようで、うまく直母できません。それに飲みにくい側によくトラブルを起こします。どうしたらよいでしょうか？

A 赤ちゃんの頭にゆがみや向き癖はありませんか？　赤ちゃんに強い向き癖があると、オッパイの飲み方にも差ができることがあります。

たとえば、赤ちゃんに右に向き癖がある場合、抱き飲みで直母しようとすると、お母さんの左側のオッパイは飲みやすいものの、右側は向きにくい側なので、深くまっすぐにオッパイを含みにくくなります。そうなると、

向きにくい側は浅飲みになったり、飲み残しができやすく、それが原因でオッパイトラブルも起こりやすいことが考えられます。

向き癖をつくらないために、生後早い段階から赤ちゃんが左右両方を向くように、体の向きを左右変えながら寝かせることも大切です。強いゆがみができてしまった場合は、

■向き癖をつくらないための
　バスタオルの使い方とCカーブ

赤ちゃんの背中のカーブが保てるようにしながら、バスタオルを丸めたものなどを使用します。このとき足を枕やクッションにのせるようにすると、Cカーブが保ちやすいです。寝返りを打つようになるまでは、とくに気をつけてあげてください。

抱き方を工夫すれば赤ちゃんも直母しやすく、トラブルも起こしにくいかもしれません。しかし、頭のゆがみや向き癖は見た目の問題やこのようなオッパイトラブルと関係するだけでなく、その子にとっては将来的にも全身の骨格のねじれにつながることも指摘されています。十分に気をつけましょう。

Q3 オッパイに湿疹ができ、かゆみもあります。どうすればよいでしょう？

A 直母や搾乳をした後は、濡らしたタオルでオッパイを拭き、清潔にしましょう。母乳が付着したままになっていると、それが原因でかぶれてしまうことがあります。外出先などでは市販の清浄綿などを使用してもよいと思いますが、薬品が含まれているものは、人によっては湿疹やかゆみが悪化する場合があるので注意しましょう。

また母乳パッドを使用している場合は、まめに交換しましょう。使い捨ての紙のパッドは、紙にかぶれやすい体質の人は注意が必要です。

かぶれた場合は、清潔なタオルなどを当てて頻繁に交換しましょう。ブラジャーや乳帯も、吸湿性や通気性のよいものを選びましょう。症状が強い場合は医師に相談し、適当な軟膏などを処方してもらいましょう。

Q4 直母のみで順調に授乳できていますが、赤ちゃんを人に預ける予定ができたり、乳頭トラブルを起こしたりして搾乳に切り替えた場合、人工乳首を受け付けてくれないのではないかと心配です。

A カップなどを使えるようにしておくこともひとつの方法です。まずはスプーンからトレーニングしていき、10さじくらいスムーズに飲めるようになったら、杯のようなもので搾母乳などを飲ませるというように進めてみます（97～98ページ参照）。月齢の浅い赤ちゃんでも意外に早く上達しますし、母乳を飲ませられない場合でも、カップなら出先でも手に入りやすく、いざというとき困りません。

最近は災害時に備えて液体ミルクを備蓄している自治体もありますが、そのような場合でも、赤ちゃんに紙コップでミルクを与えることができると安心ですね。

一方、直母で足りていても、1日1回は哺乳瓶で授乳する練習をしているお母さんもいます。そのようにトレーニングとして人工乳首も使用していくと、必要なときに赤ちゃんもスムーズに人工乳首を受け付けてくれるでしょう。

赤ちゃんが乳首を混乱するとの意見もありますが、直母と人工乳首を並行して続けていけば、赤ちゃんはどちらもスムーズに飲めるようになると思います。また、月齢によってはスパウトやストローを使用することも悪くないでしょう。状況によっては、そのほうが便利な場合もあります。どちらにしても、赤ちゃんとお母さんに合った方法を工夫してみてください。

第 **4** 章

授乳期の栄養

授乳期の食事で大切なこと

1　授乳期の食事はなぜ大切なのでしょうか？

　産後のお母さんは、妊娠・分娩で消耗した体力を回復させ、そのうえ多くの人は母乳を出していかなければなりません。昼も夜も区別なく授乳や赤ちゃんのお世話に追われ、忙しい毎日を送るお母さんたちは、ただでさえ疲れているでしょう。ちょっとした栄養の知識を持ち、実践することで、少しでも疲れを癒すことができればと思うのです。また当然ですが、日々の食事に気を配っていくことは、お母さんだけでなく家族全体の健康増進につながります。

2　バランスのよい食事をとるようにしましょう

　現在、母体の貧血だけでなく母乳栄養児の貧血やビタミンD、K不足が問題になっています。これらの改善のためにも、バランスのよい食事を心がけましょう。

　バランスのとれた食事は、それほど難しいことではありません。その工夫として、毎回３つのお皿を使えばわかりやすいでしょう。ひとつは主食（ご飯、パン、めん類など）、もうひとつに主菜（肉、魚、卵、豆腐などがメインのおかず）、さらにもうひとつに副菜（野菜のおかず）というような献立を考え盛りつけをします。そして、できた食事

の彩りを見てください。きれいに仕上がっていますか？　彩りのきれいな食事は食欲をそそるだけでなく、栄養的にもバランスがとれますので、いろいろな食品を少しずつ食卓にのせるようにしましょう。そして物足りない感じがしたら、足りない色の食品を追加してみましょう。自然にバランスが整った食卓になり、貧血の改善や予防、また健康の増進に役立ちます。

　簡単で栄養豊富なレシピはネットでも紹介されていますので、参考にしてもよいでしょう。また、時には冷凍食品やインスタント食品の力を借りたり、宅配サービスも上手に利用してくださいね。

3 　気になる食べ物、嗜好品

❶香辛料

　上手にスパイスを使うことで、少ない塩分でもおいしく料理することができます。食欲増進のために適量を使うくらいなら、問題ありません。

❷お茶、コーヒー

　最近、お茶に含まれるカテキンの効果が注目され、抗菌作用があるなど、お茶のよさが見直されています。また、牛乳が苦手な人でもコーヒーを上手に利用すれば、抵抗なく飲むことができます。お茶もコーヒーも、1日2～3杯程度なら問題ないとされています。なにより、お茶やコーヒーを飲みながらのリラックスタイムも、お母さんたちには必要ですね。

❸タバコ

　タバコはお母さん、赤ちゃんにとって百害あって一利なしです。血中のニコチンは喫煙量に比例して増加します。そして母乳分泌低下の原因になったり、母体のカルシウムの吸収を悪くするともいわれています。また、赤ちゃんの不眠、不穏、下痢、嘔吐などの症状を引き起こし、発育障害を招くとする報告もあります。

　さらに、母乳を通しての影響に加え、タバコの煙そのものが赤ちゃんには悪影響です。タバコの煙にさらされた赤ちゃんはのどが痛みやすく（感染症にかかりやすい）、学童期には学業不振になるという研究結果もあります。お母さんは当然禁煙すべきですし、周囲の人には少くなくとも赤ちゃんの前では禁煙するよう、協力してもらいましょう。

　また、SIDS（乳幼児突然死症候群）予防の面からも、禁煙は守られなければなりません。

❹アルコール

　母乳を飲ませてから少量のアルコールを飲み、次の授乳まで2〜3時間あいていれば、母乳には移行しないといわれています。しかし、赤ちゃんが急性アルコール中毒になったケースがありますので、飲まないほうがよいでしょう。

4　サプリメントに頼り過ぎないで

　現在、さまざまなサプリメントが出回っており、不足しがちな栄養素を簡単にとることができます。しかし、栄養をとることは、やはり食物中心に考えていただけたらと思います。

　食物にはまだ未解明な物質が含まれている可能性もあり、それらが

作用し合ってうまく人間の体に働いているとも考えられます。また、栄養をとることは食事をとることであり、食事はお腹を満たすだけでなく心を豊かに満たすことでもあると思うのです。それに対してサプリメントは、そこに表示されている物しか含まれておらず、心をも満たすものではありません。錠剤という形で、簡単に摂取できてしまうのでとり過ぎも心配されます。

　もしサプリメントを利用するならば、薬剤師や栄養士に相談してみましょう。

食べ物とおっぱいの関係 Q&A

Q1 ▶ 梨を食べると、お乳が腐りますか？

A ▷ お乳が腐ることはありません。梨が出回るシーズンになると、時々話題になります。確かに梨は消化も悪そうですし、梨に限らず、果物は果糖が多く含まれ、肥満の原因にもなるので食べ過ぎは禁物です。多分昔は甘いものが手に入りにくかったので、梨は貴重な甘味源だったのだろうと思います。それで、つい食べ過ぎたりしてお腹をこわすことがあったのかもしれません。だから「お乳が腐る」くらいのことを言って食べ過ぎを戒めていたとも考えられます。常識的な量を食べるくらいならまったく問題ありませんし、母乳の栄養価が低くなることもありません。

Q2 ▶ ケーキやアイスクリームは乳腺炎のもとですか？

A ▷ 常識的な量なら影響はありません。乳腺炎はおっぱいが「よどむ」こと、すなわち、うつ乳が主な原因です。なんらかの理由で残乳の処理が行われなかったり、うつ乳を生ずるようなトラブルがあったとき、長時間、直母や搾乳ができなかったときなどに起こりやすいトラブルです（138ページ参照）。ケーキなどが乳腺炎の原因のようにいわれるのは、イメージの問題です。常識的な量を食べたくらいでは、まず影響ありません。かえって甘いものを見ただけでも疲れがとれる、という話も聞いたことがありますし、ケーキには夢があり、それこそ見ただけでも幸せな気持ちになる人も多いのではないでしょうか。そのように心の余裕が持てることも、人間として大切なことだと思うのです。ただ、ケーキやアイスクリームは脂肪が多く高カロリーのため、食べ過ぎは禁物です。

乳腺炎の予防には、ときどきは抱き方を変えるなどして、まんべんなくおっぱいを飲ませるようにしたり、飲まれていないところは残乳処理を確実に行うなど、基本的なセルフケアが大切になります（97、138ページ参照）。また普段から肩を回したり、上体ひねりの操体法（36〜37ページ参照）を行うなど血行を保つための体づくりをしましょう。

Q3 お餅を食べると、母乳がよく出るって本当ですか？

A 特別に高カロリーのものをとる必要はありません。食生活が貧しかった時代、女性は栄養失調の状態で妊娠、分娩、育児をしていました。当然母乳を出す余力は少なく、深刻な母乳不足の人も多かったと思います。そのような中で、お餅やコイコクなど高カロリーのものを食べることで、母乳をつくるための材料が供給され、一時的に母乳の分泌がよくなったのでしょう。

ところが現代は、食生活も豊かになり、カロリー不足の心配はほとんどありません。逆に肥満や生活習慣病の視点からも、カロリーのとり過ぎが心配されます。食事はバランスよくとることが一番です。

Q4 乳房うっ積や分泌過多には、水分や食事の制限が必要ですか？

A 必要ありません。制限することはとても危険です。

授乳期のお母さんの体は、母体を犠牲にしても母乳をつくる方向に働きます。したがって、水分制限や食事制限は、母体をますます脱水や飢餓状態に追い込むことになります。そのように母体の健康を害してまで、水分や食事を制限するのは間違いです。水分はほしい量を、また食事も常識的な内容なら特別に制限する必要はありません。それより、うっ積や分泌過多に対しての根本的で直接的な対応が必要なのです（116、124〜125ページ参照）。

第 5 章

いよいよ
おっぱい卒業へ

おっぱいとのおわかれ

1 おっぱいをやめるのに適した時期

　以前は離乳食の完了を視野に入れた1歳〜1歳6カ月くらいで卒乳するよう指導されていたこともありますが、最近は無理をせず自然におっぱいを卒業できるまで授乳を続けていいのではないか、という意見も多く聞かれるようになりました。長く授乳したお母さんからは、母子の密着感があった、寝かしつけるのが楽だった、充実感があったなどの声が多く聞かれています。

　一方、さまざまな理由で授乳が続けられなくなったり、授乳そのものがお母さんのストレスになったりするケースもあり、おっぱいをやめる決断に迫られることもあるでしょう。その場合はいつでもおっぱいをやめることができますが、できるだけスムーズにトラブルなくやめられるようにしたいものですね。そこで、おっぱいを安全に楽にやめるための具体的な方法を次に提案します。

2 おっぱいをやめる条件と準備

　月齢が浅く、まだ母乳が必要な時期におっぱいをやめなければならない場合は、母乳にかわって哺乳瓶やコップなどでミルクが飲める状態にしておいたほうが心強いでしょう。離乳食を3回十分に食べるこ

とができていて、コップやストローなどが使えれば、おっぱいをやめてもまず問題ありません。

　おっぱいをやめる季節としては、真夏や真冬は避けたほうがよいかもしれません。真夏は暑さで食欲が低下すること、真冬は風邪などをひきやすく体調を崩しやすいため、母乳が出ていたほうが都合のよい場合もあるからです。

　「そろそろかな……」と思う時期になったら、赤ちゃんには「もうすぐおっぱい、バイバイよ」と言い聞かせながら、母乳の回数を少しずつ減らしていきましょう。その分よく遊んであげる、抱っこするなどスキンシップをふんだんにしてあげてください。赤ちゃんもなんとなく雰囲気を察し、それなりに理解してくれるでしょう。

　おっぱいをやめる直前までしっかり飲ませたほうがよいという意見もあり、どちらにしても赤ちゃんの性格によるところもあるかと思います。乳頭にカラシを塗ったり、「へのへのもへじ」を描いて驚かせることもよく聞きますが、「大好きなおっぱい」を突然恐ろしいものに豹変させてしまうのは得策ではないように思えます。大変でも「大好きだけどサヨナラできる」ように働きかけていくことが、本当の意味での乳離れではないでしょうか。

　準備ができたところで、次のことをチェックしてください。

・赤ちゃんの体調がよいこと。
・オッパイにしこり、痛み、熱などのトラブルがないこと（トラブルが治るまで見合わせる）。
・夜間など、泣かれてもよい状況かどうか。

スケジュールを立てましょう

1 おっぱいをやめるための"ブレーキ"

おっぱいの製造を止め、工場を閉鎖するためにブレーキを踏んでいきます。それには、次のことが必要です。

・オッパイを十分に張らせる（製品を出荷しないようにし、だぶつかせる）。
・オッパイを圧迫したり、冷やしたりして血液循環を悪くさせる（材料の仕入れルートを縮小する、工場が稼働しないようにする）。

2 スケジュールの立て方と注意 *あなたの日程を書いてみましょう。

断乳開始日　　　月　　　日 （たとえば、4月1日）

・「もうサヨナラよ」と言い聞かせ、最後のおっぱいを飲ませたら、残乳を確認し、残っていればその部分のみ搾乳しておきましょう。その後はもう1滴も飲ませないと決意します。そのかわり、赤ちゃんとはよく遊んであげてください。
・オッパイを十分に張らせることが大切なので、基本的にはオッパイを搾りません。でも張って苦しいようなら、圧抜き程度の搾乳をしながら乗り切りましょう。圧抜きは1回、両方で50mL くらいまで。回数は1日5回くらいまでがめやすです。

- オッパイを冷やしたり圧迫することも同時に行っていくと、ブレーキがかかりやすくなり楽に過ごせます。
- オッパイの張りが強い場合は、オッパイを温めないようさっとシャワーを浴びる程度にしましょう。

月　　　日〜　　月　　　日 (たとえば、4月2日〜4月5日)

- この4日間、ほぼ24時間の間隔で1回の"すっきり搾り"を行います。その間、張って苦しいようなら前述のような圧抜きを行ってもよいでしょう。
- すっきり搾りは、両手搾り（64〜65ページ参照）の要領で、硬いところから痛くない程度にオッパイを圧迫しながら、ゆっくりと搾乳します。
- まんべんなく搾って明らかに硬いところがなく、だいたい楽になったところで終え、その量を見てください。搾る量が日を追ってだんだん減っていますか？
- この4日間をうまく乗り切ることができたら、次のすっきり搾りまで中1日あけていきます。その間も張って苦しいようなら、圧抜きをしてもよいでしょう。そのような場合はとくに冷やすこと、圧迫することも気持ちよく感じるようなら行ってください。

月　　　日 (たとえば、4月7日)

- 前回から中1日あけて、すっきり搾りを行います。ここまでくると、張りの感じもかなり少なくなることが多く、搾れる量が減ってきます。
- 冷やすことや圧迫が苦痛になっていれば、中止してください。
- 次は中3日あけます。それまでの対応と同じで、冷やす・圧迫す

ることが苦痛になれば、不快になったほうから順番に中止してください。

　　　　月　　　　日　（たとえば、4月11日）
・前回から中3日あけて、すっきり搾りを行います。搾れる量が減っていますか？
・次回は中5日あけます。

●冷やすことと圧迫すること
・少しきつめのブラジャーの使用で乳房圧迫の効果があります。
・ブラジャーのカップの中にタオルを入れ、乳房に適度な圧がかかるようにします（伸縮性の少ない授乳用ブラジャーでもOK）。
・冷やすことも圧迫することも、気持ちよく感じるうちは続けます。苦痛ならば、どちらかから順番にはずしていきます。

　　　　月　　　　日　（たとえば、4月17日）
・前回から中5日あけて、すっきり搾りを行います。硬くなっているところをよく確認し、その部分のみ搾ります。たくさんは搾れなくなってきているでしょう。
・次回は、1週間後です。

　　　　月　　　　日　（たとえば、4月24日）
・前回から1週間あけて、すっきり搾りを試みます。もうほとんど出ないくらいで、無理に搾り出す必要はありません。
・念のため、さらに2週間後に再度確認しましょう。

✎　　　月　　　　日　　（たとえば、5月8日）

・トラブルがないか、ていねいに確認してください。

　これらのスケジュールはめやすです。状況に応じて「すっきり搾り」を行う予定を少し早めたり、遅らせたり、調整しても構いません。

■薬の内服について

　おっぱいをやめようと思った時点で、まだまだ母乳の分泌が多い人や、これまで乳腺炎などトラブルを何度か起こしたことがあるなど、このようなスケジュールでは不安な場合は、カベルゴリン製剤を処方してもらい、内服しながらのほうが楽にやめることができます。副作用もありません。医師に相談してみてください。

　なお、カベルゴリン製剤は1mgを1回のみの内服で母乳の分泌を止めることができますが、飲みはじめてから薬が効いてくるのに約3日かかります。その間はオッパイが張ってきますので、ほぼ上記のスケジュールに準じて対応してください。

　これで、おっぱい卒業です。母乳育児、お疲れさまでした！

　もう次の妊娠まで、こんなに必死にオッパイと格闘することはありません。ですが、せっかくお友達になったオッパイです。しこりはないか、変わったことはないか、愛着を持って月に一度は触れてください。それが、乳がんの早期発見につながります。

おっぱい卒業後の セルフケア

1　乳がんの自己検診法

　無事におっぱいを卒業できれば、その役目は一応終わりです。でも、せっかくセルフケアを身につけたのですから、これからも自分の身体の一部として仲良くつきあっていきましょう。

　乳がんは、自己検診によって早期発見できる場合が多いので、ぜひマスターしてください。

❶自己検診の方法

　①毎月１回行うことを習慣づけましょう。

　月経のある人は月経が終わった直後、月経のない人は毎月一定の日を決めて行うとよいでしょう。

　②視診しましょう。

　鏡に向かって、腕を下げた姿勢と両腕を上げた姿勢で、正面、側面、斜めを映してみます。左右の乳房の形、乳首の状態をよく観察し、くぼみ、ひきつれ、発赤、むくみ、ただれなどがないか見てください。

　③触診しましょう。

　座って、あるいは仰向けに寝て、検診する乳房の反対側の手で乳房のしこりを探します。人差し指、中指、薬指の三本の指を軽く伸ばし

てそろえ、指の腹でなでるようにまんべんなく行います。次に乳頭を
つまみ、血のような異常な液が出ないか見てください。脇の下にも深
く手を入れ、外側から内側に向かって手を動かし、しこりがないか見
てください。反対側も同様に行ってみましょう。

■乳がんの自己検診法

乳首を中心に渦巻き状に円を描くように行う方法 　　肋骨に平行に外側から内側へと動かす方法

■ **注意すること**

- ・必ず、検査する乳房と反対側の手で触れてください。同じ側では、
  異常が出やすい乳房の外側がうまく触診できません。
- ・乳房をつまんでしこりを探すのではなく、指の腹でなでるように
  触れてください。つまんでしまうと、乳腺組織そのものがしこり
  のように触れてしまい、本当のしこりがうまく触れません。

　しこりや異常を発見したら、すみやかに専門医の診察を受けましょ
う。自己検診で異常がなくても、念のため年に一度は医師による検診
を受けることをおすすめします。

おっぱいとさようなら Q&A

Q1 最近、オッパイがめっきり張らなくなり、母乳がほとんど出ません。それでも手順通りの対応が必要でしょうか？

A 手順通りでなくてもよいでしょう。すでにオッパイの張りもなく経過している状態なら、まず気づいたときにオッパイ全体を触って確認し、少し硬く触れているところがあれば、そこだけ両手搾りの要領でポイント搾りをします。その際ほとんど母乳が出なければ、硬いところがないか確認するだけでよく、無理して搾り出す必要はありません。その後は、たとえば3日後、1週間後、さらに2週間後と同様に観察し、異常がなければ、そのまま様子を見ていけばよいでしょう。あとは、おっぱい卒業後のセルフケアへと進めていきましょう（164ページ参照）。

Q2 もともと母乳の分泌が多く不安もあったので、内服をしながら断乳のケアをしてきました。すでに内服して2週間経過したのですが、まだ分泌があります。断乳のケアをはじめる以前に比べたらずいぶん減ってはいますが、このままでよいのでしょうか？

A 160〜163ページの手順に準じて、さらにケアを進めてみましょう。

内服によって、分泌にブレーキはかかっており、まったく元の状態ではないと思います。それ以上は内服しなくても、スケジュールに沿って進めていけば徐々に分泌量を減らし、スムーズにやめることができるでしょう。

また、「すっきり搾り」を行う際に、搾り過ぎないようにすることも大切です。分泌量が思うように減らない人の中には、搾り過ぎと思われるケースがあります。「すっきり搾り」といっても、他の部分と

比べて明らかに硬いところがなくだいたい軽くなり、楽になったと感じられるところできりをつけるようにしましょう。進め方としては手順の最初からではなく、中1日あけるところから（161ページ参照）でもよいでしょう。

　また、オッパイを冷やしたり圧迫したりすることも、気持ちよく感じられるなら、もちろん併用してもよいでしょう。心配でしたら、再度カベルゴリン製剤を処方してもらうのもよいでしょう。

Q3 1歳のお誕生日を迎えたので、卒乳させたほうがよいと思い踏み切ってみたのですが、おっぱいをあげないと大泣きしてしまいやめられそうにありません。どうしたらいいでしょうか？

A 1歳ならまだおっぱいを飲んでいてもおかしくない月齢なので、おっぱい卒業の時期ではなかったかもしれません。先送りして、大丈夫です。

　一方、歯が生えはじめてきていることも多いので、虫歯との関連から1歳くらいで断乳すべきとする専門家もいますが、長めに授乳してもよいとする専門家もいます。いろいろな意見がありますので、ストレスになっていないなら、もう少し楽しむつもりでおっぱい卒業は延期してもよいでしょう。

おわりに

　多くのお母さんは、できることなら母乳で育てたいと考えていると思いますが、混合だったりミルクのみで子育てをすることがあります。それぞれの事情があるので、赤ちゃんが元気に育ち、お母さんも笑顔で育児できる方法なら、どのような形でもよいのではないでしょうか。

　「今のお母さんたちは恵まれている」「昔のほうが大変だった」という声も耳にしますが、その時代によって「大変なこと」の内容や考え方が変わっていきます。昔は昔の大変さがあり、今は今だからこそその大変さもあり、いつの時代もお母さんはがんばっています。

　自分のことより子どもや家族のことを最優先して身を削り、子育てや家事に邁進する人がほとんどです。そして、みなさん真面目で努力家です。

　どうか「痛いのを我慢するのが母親だ」「母親なんて大変なのが当たり前だ」と思わないでください。かわりに、どうしたら楽で楽しい育児ができるのかを考えてみませんか？

　童謡詩人の金子みすゞの有名な詩に「鈴と、小鳥と、それから私、みんなちがって、みんないい」というフレーズがあります。これは子育てにも当てはまることです。子育ての方法はみんなちがって、みんないいんです。

　さまざまな情報の中から自分に合ったものを選び取ってくださいね。そして迷った時は一人で悩まずがんばらず、誰かを頼って心を整理して次へ向かいましょう。

　この本はさまざまな方に関わっていただき完成させることができました。この場をお借りしてご挨拶させていただきます。

まずは『おなかにいるときからはじめるべびぃケア』共著者にして旧友の吉田敦子さん、合同出版と私をつないでくださり、いつも背中を押してくれて本当にありがとうございます。

　そして、出版を引き受けてくださった合同出版の坂上美樹さん、編集作業に携わってくださった上村ふきさん、たくさんイラストを描いてくださった Shima. さん、合同出版のみなさんにはよいご縁をいただきました。本当にありがとうございました。

　また、多大なるご協力をいただいたメディカ出版の宮本明子さん、橋本綾さんにも深くお礼申し上げます。そして、いつも的確な意見をくださるセミナースタッフの古川寛野さん、榎本裕子さん、栗原芳美さん、たくさんのヒントを与えてくださったお母さんたち、ありがとうございます。

最後に、がんばっているお母さんへ
ミルキーママはあなたをずっとずっと応援し続けます!!

2024年　　山川不二子

引用・参考文献

・山川不二子『改訂3版　ミルキーママの自分でできるおっぱいケア』メディカ出版、2011

・根津八紘『新乳房管理学』唐松書房、2022

・根津八紘『乳房管理学　改訂』明倫堂書店、2009

・根津八紘『眼で診る乳房管理学』スマート企画(旧：諏訪メディカルサービス)、1991

・渡部信子『カリスマ助産師トコちゃん先生の赤ちゃんがすぐに泣きやみグッスリ寝てくれる本』すばる舎、2013

・吉田敦子・杉上貴子『新版おなかにいるときからはじめるべびぃケア——妊娠・出産・育児を気持ちよく』合同出版、2018

・渡部信子『「骨盤」メンテ2——ゆがみを取って小尻・美脚!』日経BP、2008

・Andrew Biel 著、阪本桂造監訳『[改訂第6版]ボディ・ナビゲーション——触ってわかる身体解剖』医道の日本社、2023

・ジャック・ニューマン、テレサ・ピットマン著、押尾祥子、光岡いずみ訳『母乳育児が必ずうまくいく本——誰もが知りたかった知恵とコツのすべて』メディカ出版、2008

・水野克己『お母さんが元気になる乳児健診——健診を楽しくすすめるエビデンス＆テクニック　小児科医の一言がお母さんを楽にする!』メディカ出版、2010

・大山牧子『第2版　NICUスタッフのための母乳育児支援ハンドブック——あなたのなぜ?に答える母乳のはなし』メディカ出版、2010

・中川信子監修『ママが知らなかったおっぱいと離乳食の新常識——かしこい育児はおくちからはじまる』小学館、2010

・今井美行『ママになる前から知っておきたいおっぱいとお口の話——母乳育児からはじまるキレイな歯並びむし歯ゼロ』メディカ出版、2009

・香川明夫監修『八訂　食品成分表2020』女子栄養大学出版部、2020

- 仲井宏充ほか「『母乳育児を成功させるための十か条』の解釈について」保健医療科学58(1),国立保健医療科学院、2009、51-54ページ

- 加藤則子「『母乳育児を成功させるための十か条』の解釈についてに関するコメント」J. Natl. Inst. PublicHealth.58(1),2009,55.

- 菅野和子「妊娠中からの乳房管理の重要性：主として乳首の性状の変化」第32回母性衛生学会抄録集、1991

- 木村美加「乳汁分泌不全への対応（第2報）：経過観察を通じ原因の追求」第32回母性衛生学会抄録集、1991

- 「日本人の食事摂取基準」策定検討会「日本人の食事摂取基準（2020年版）」厚生労働省、2019

- Alia M H ほか「Dysphoric milk ejection reflex：A case report」Int Breastfeed J、2011;6:6.

- 国立研究開発法人国立成育医療研究センター「授乳と薬について知りたい方へ」ホームページ　https://www.ncchd.go.jp/kusuri/lactation

- 厚生労働省「e-ヘルスネット」ホームページ：「卒乳時期とむし歯の関係」

索引

【著者】
山川不二子（やまかわ ふじこ）

1961年、愛知県蒲郡市生まれ。
1982年、名古屋市立大学看護学校第1科卒業。1983年、名古屋大学医療技術短期大学部専攻科助産学特別専攻修了。
同年4月〜1989年3月、岡崎市民病院産婦人科、小児科病棟勤務。退職後、長野県諏訪マタニティークリニックSMC方式研修センターにて乳房管理法を学ぶ。
1990年、岡崎市内にミルキー母乳育児相談室を開設。2004年、佛教大学文学部史学科卒業。

● 助産師ミルキーママの相談室HP
https://milkymama.hp.peraichi.com

組版・図版・本文イラスト　Shima.
本文フォーマット・装丁　吉崎広明（ベルソグラフィック）

ミルキーママの妊娠中からはじめるおっぱいケア
自分でできる痛くない授乳のコツ
・・・
2024年6月15日　　第1刷発行

著　　　者　山川不二子
発　行　者　坂上美樹
発　行　所　合同出版株式会社
　　　　　　東京都小金井市関野町1-6-10
　　　　　　郵便番号　184-0001
　　　　　　電話　042（401）2930
　　　　　　ホームページ　https://www.godo-shuppan.co.jp
印刷・製本　株式会社シナノ

ISBN978-4-7726-1555-6　NDC599　210×148
©Yamakawa Fujiko, 2024